OBIC BUSINESS CONSULTANTS CO.,LTD.

日商 電子会計実務検定試験 対策問題集 2級

勘定奉行i11対応版　消費税10%

公式問題集

実教出版

Prologue

プロローグ

現代社会において、コンピュータ・システムとの関わりを持たずに生活している人は稀有な存在と言っても過言ではないでしょう。競争原理の渦中にある企業においては、情報戦略は存続を左右する最重要事項であり、あらゆる情報がデジタル化され統合、分析されます。企業の内外にある膨大な情報を統合、分析するうえで、コンピュータ・システムは不可欠な存在であり、企業統治上、根幹を成すシステムです。

企業経営において活用されるこのコンピュータ・システムのうち、基幹業務システムの中心となる財務会計システムでは、財政状態や経営成績の把握だけでなく、資金繰り、予算対比、部門別管理、経営分析など、多岐にわたる役割を担っています。財務会計システムの担当者には、それらに関する理解とともに、緊密に連携する販売管理システムや給与計算システムなどに関する理解、さらに従業員との雇用契約から日常的な営業取引上の契約、企業買収や統廃合など、様々な法規制や商慣習についての知識も求められています。

それらの背景のもと、日本商工会議所主催の「電子会計実務検定試験」は、企業、特に中小企業における電子会計の実践およびこれに対応できる人材の育成に資するとともに、中小企業の会計指針の普及・定着を図ることを目的に創設されました。

本書では、日本商工会議所主催の「電子会計実務検定試験 2級」の受験対策はもとより、現代の企業が求める「基幹業務システムから得られる経営情報を集約・分析し、明日への意思決定に活用することができる能力」、つまり簿記や基幹業務システムに精通しているだけでなく、社会における企業の役割と責任を理解したうえで、IT情報を正しく集計・分析・判断・報告できる能力の開発を目的としています。

簿記の教科で学習した知識を出発点とし、関連する様々な事項をひも解きながら学習を進めてください。実務においては常に判断の機会が待たれています。正しい判断には十分な知識が不可欠となります。本書は、この一歩を踏み出すにあたり「日商電子会計実務検定試験対策テキスト 2級」とあわせて学習することで、より効果的な学習ができるよう開発しました。

本書で会計実務の基礎を学んだ皆さんが、実務の現場において高い理想と探究心を持ってご活躍されることを期待申し上げます。

本書と電子会計実務検定試験対策テキスト 2級の関連ページ

本書の各問題は、対策テキスト 2級の章立てと関連して出題しています。
また、第2章と模擬問題では、学習データを使用します。使用する学習データは、該当章の扉ページ(P11, P123)・学習の準備(P162)に記載しています。

Contents

目次

第1章 企業のしくみと業務管理
Chapter 1

第2章 日常の会計処理
Chapter 2

第3章 企業の現状分析と経営計画
Chapter 3

第4章 業務管理と関連システム
Chapter 4

第5章 製造業における業務と原価情報の活用
Chapter 5

模擬問題
practice exam

解答
answer

第1章 企業のしくみと業務管理

Chapter 1

1 企業のしくみ

問題 1 テキスト 8～11ページ

次の設問の解答に該当するものを、それぞれの語群から選んで解答欄に記入しなさい。

No.	問題および語群
1	規模が小さな組織から拡大にともなって機能部門ごとに垂直的にスタッフが集結した組織形態はどれか。 解答群 ア．単純職能組織　イ．ライン組織　ウ．マトリクス組織　エ．事業部性組織　オ．職能性組織
2	存続と成長を目指す企業において、企業の業績を評価する指標として不適格なものはどれか。 解答群 ア．株価　イ．市場シェア　ウ．資本利益率　エ．売上高増加率　オ．従業員数
3	社会的責任を担う企業において、企業の社会貢献度を評価する基準として不適格なものはどれか。 解答群 ア．納税額　イ．株価　ウ．地域サービス　エ．従業員数　オ．ボランティア活動
4	企業の現状分析において、適さないものはどれか。 解答群 ア．技術力　イ．生産力　ウ．政治力　エ．商品力　オ．財務力
5	次のうち、経営管理と関連しない事柄はどれか。 解答群 ア．電子申告　イ．経営分析　ウ．マーケティング　エ．ERP管理　オ．新規事業開発

解答欄

No.1		No.2		No.3	
No.4		No.5			

2 業務管理

問題2 テキスト 12～13ページ

次の設問の解答、及び空欄の内容に該当するものをそれぞれの語群から選んで解答欄に記入しなさい。

No.	問題および語群
1	販売管理に属さないものはどれか。 解答群 ア．受注　イ．債務管理　ウ．見積書作成　エ．請求書作成　オ．債権管理
2	経営資源を効率的に有効活用するため、管理事務を企業全体で統合管理するためのシステムとはどれか。 解答群 ア．ISO　イ．CEO　ウ．GNP　エ．ERP　オ．CFO
3	在庫管理において関連しない事象はどれか。 解答群 ア．預け品　イ．出庫　ウ．実地棚卸　エ．売上　オ．貸倒
4	企業外部への情報提供が目的である財務会計に対して、［　　　］会計は内部で使用される情報の提供が目的である。 解答群 ア．税効果　イ．管理　ウ．監査　エ．部門　オ．内部統制
5	次のうち、財務会計と関連しない事柄はどれか。 解答群 ア．会計監査　イ．固定資産管理　ウ．手形管理　エ．就業管理　オ．資金繰り

解答欄

No.1		No.2		No.3	
No.4		No.5			

実技編

第2章 日常の会計処理

Chapter 2

会計データには、重要な設定項目として、科目設定および科目開始残高登録が行われています。この前提を元に、日々の取引の入力（仕訳処理）が行われます。

本問題集では、会計データの新規作成、科目設定および開始残高登録を実際に行うことで、設定と入力、集計結果という全体の関係性を理解し、集計結果の意義や役割を確認することを学習目的の1つとしています。

なお、効率的な学習の観点から、「作成済の会計データ」も用意されていますので、必要に応じて活用してください。

第２章の学習で「作成済の会計データ」を使用する場合、
勘定奉行ｉ11用バックアップデータが下記サイトに用意されています。

URL https://www.obc.co.jp/obcisp/kyozai

データ名 P13 株式会社ティダパーツ４月(第２章)
P34 株式会社ティダパーツ５月(第２章)
P60 株式会社ハイタイム４月(第２章-総合問題１)
P80 株式会社ハイタイム５月(第２章-総合問題２)

『勘定奉行ｉ11』をセットアップ後、バックアップデータを復元し、活用ください。

※データの復元方法は、２級テキスト(別書)第2章 2-2 会計データの復元(18ページ)を参照ください。
※復元後のデータ選択は、２級テキスト(別書)第2章 2-3 会計データの選択(19ページ)を参照ください。

1 『勘定奉行 i 11』の基本操作

問題 1

次の会社情報から法人の会計データを新規に作成しなさい。

会社名	株式会社 ティダパーツ	会社コード	301
会計期間	4月1日～翌3月31日	決算期	第5期
科目体系	製造原価項目あり	消費税関連	原則課税・税込経理

開始残高および補助科目:

勘定科目名	補助科目名	貸借	開始残高	
現金		借方	118,582円	資産合計 26,348,121円
当座預金	門前町銀行	借方	798,025円	
普通預金	門前町銀行	借方	2,495,325円	
定期積金		借方	550,000円	
受取手形		借方	2,412,760円	
売掛金	㈱ミレー	借方	1,724,625円	
	㈱レンブラント	借方	4,086,589円	
	㈱クールベ	借方	908,670円	
製品及び商品		借方	1,100,463円	
原材料及び貯蔵品		借方	1,295,070円	
立替金	雇用保険料	借方	0円	
前払費用		借方	460,000円	
建物付属設備		借方	3,880,000円	
機械及び装置		借方	3,570,000円	
車両運搬具		借方	2,734,200円	
工具器具備品		借方	468,000円	
減価償却累計額		貸方	4,294,188円	
敷金差入保証金		借方	4,040,000円	
買掛金	アミアン工業㈱	貸方	1,460,340円	負債純資産合計 26,348,121円
	イサク工業㈱	貸方	1,293,390円	
	パオロ工業㈱	貸方	500,010円	
短期借入金		貸方	1,992,413円	
未払金	㈱ワークワン	貸方	39,270円	
	長野梱包運輸㈱	貸方	30,660円	
	社会保険料	貸方	260,604円	
	労働保険料	貸方	10,058円	
	クレジットカード	貸方	261,703円	
未払法人税等		貸方	408,800円	
未払消費税		貸方	863,200円	
預り金	社会保険料	貸方	258,966円	
	雇用保険料	貸方	0円	
	源泉所得税	貸方	35,560円	
	住民税	貸方	95,800円	
長期借入金		貸方	5,117,370円	
資本金		貸方	10,000,000円	
繰越利益剰余金		貸方	3,719,977円	

2 日常取引の処理

2-1 現金（4月分）

問題1で作成した会計データに4月分の取引を入力しましょう。
（作成済の会計データを使用する場合は、「株式会社ティダパーツ4月(第2章)」を開きます）

問題2 テキスト 28～29, 45～57ページ

次の現金払い分の領収書について入力をしなさい。

領収書1

領収証　　No. ....

㈱ティダパーツ 様

金額 ★ ¥14,600

但 お食事代として

X年 4月 1日 上記正に領収いたしました

内訳
税込金額 14,600円
消費税額(10%) 1,327円

〇〇苑
〇〇県〇〇市〇〇町 X-X
TEL. XX-XXXX-XXXX FAX. XX-XXXX-XXXX
登録番号：T0000000000

※懇親会
［731･福利厚生費］

領収書2

領収書

領収管理番号 UQ0000XXXX
ご注文番号 RV000000XXXX

発行日(領収日) XX年 4月1日

株式会社 ティダパーツ 様

領収金額(税込) ¥488－
（内、消費税額10% ¥44）

上記の金額を納入商品代金として領収いたしました。

ワーカーズ ショップ 24U
株式会社 Distribution Japan
〒XXX-XXX 〇〇市〇〇町X-X-X
TEL XXX-XXX-XXXX FAX XXX-XXX-XXXX
登録番号：T0000000000

内訳	数量	単価(税込)	金額(税込)	区分
XXXXXXXXXXXXX	XX	XX	XXX	
XXXXXXXXXXXXX	XX	XX	XXX	

※日用雑貨
［742･消耗品費］

領収書3

領収証書
毎度ありがとうございます

㈱ティダパーツ 様

〇〇薬局
〒000-0000 TEL XX-XXXX-XXXX
登録番号：T0000000000
×年 4月 7日 00:00

［XXXXX］
XXXXX
@XX XXX ¥1,880

小計 ¥1,880
課税計(10%) ¥1,880
(内消費税等 ¥170)

合計 ¥1,880
お預り金額 ¥1,880

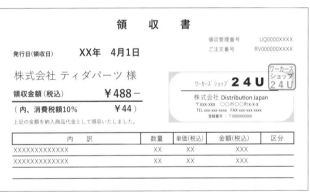

※常備薬代
［731･福利厚生費］

領収書4

領収証

㈱ティダパーツ 様

〇〇〇〇ホームセンター
〇〇県〇〇市〇〇町X-X
Tel XX-XXXX-XXXX
登録番号：T0000000000

=======================

1. XXXXXXX XXXX円
2. XXXXXXX XXXX円

合 計 **5,670**円
(内、消費税額10% 515円)

現金 6,000円
釣銭 330円

20XX/04/07 XX:XX

※工場消耗品【製造】
［652・消耗品費］

領収書5

領 収 書

領収管理番号 UQ0000XXXX
ご注文番号 RV000000XXXX

発行日(領収日) **XX年 4月10日**

株式会社 ティダパーツ 様

領収金額(税込) **￥1,260－**

（内、消費税額10% ￥114）

上記の金額を納入商品代金として領収いたしました。

ワーカーズショップ **24U**
株式会社 Distribution Japan
〒XXX-XXX 〇〇市〇〇町X-X-X
TEL xxx-xxx-xxxx FAX xxx-xxx-xxxx
登録番号：T0000000000

ワーカーズショップ24U

内 訳	数量	単価(税込)	金額(税込)	区分
XXXXXXXXXXXXX	XX	XX	XXX	
XXXXXXXXXXXXX	XX	XX	XXX	

※日用雑貨
［742・消耗品費］

領収書6

領 収 証

〇〇駐車場
登録番号：T0000000000

入庫日時 ××-4-10 XX:XX
出庫日時 ××-4-10 XX:XX

駐車時間 X時間 XX分
駐車料金 500円
（内、消費税額10% 45円）
前払 0円
現金 500円
釣銭 0円

※駐車料
［740・旅費交通費］

領収書7

領　収　書

領収管理番号　UQ0000XXXX
ご注文番号　RV000000XXXX

発行日(領収日)　**XX年　4月10日**

株式会社 ティダパーツ 様

領収金額(税込)　**¥2,430－**

(内、消費税額10%　¥220)

上記の金額を納入商品代金として領収いたしました。

ワーカーズ ショップ **24U**
ワーカーズ ショップ 24U
株式会社 Distribution Japan
〒XXX-XXX　○○市○○町X-X-X
TEL XXX-XXX-XXXX　FAX XXX-XXX-XXXX
登録番号：T0000000000

内　訳	数量	単価(税込)	金額(税込)	区分
XXXXXXXXXXXXX	XX	XX	XXX	
XXXXXXXXXXXXX	XX	XX	XXX	

※日用雑貨【製造】
［652・消耗品費］

領収書8

新工場竣工のご案内

拝啓 陽春の候、貴社ますますご繁栄のこととお喜び申しあげます。平素はひとかたならぬご高配をいただき、厚くお礼申しあげます。

さて、かねてより建設中の弊社新社屋が、このほど無事竣工とあいなりました。今後ともどうぞ倍旧のお引き立てご愛顧をお願い申しあげます。

まずは書中にてご挨拶まで申しあげます。　敬具

記

新工場所在地 ○○市X-X-X　　以上

東京都中央区銀座△丁目△番△号
株式会社 ミレー
代表取締役 小野 栄太郎

出金伝票

日付	×年4月10日
適用	お祝い金

科目	金額
交際費	30,000
合計	30,000

※お祝い金
［704・交際費］

領収書9

領収証

No. ....

㈱ティダパーツ　様

金額　★　¥2,550

但　日用雑貨代として

X 年　4 月　11 日　上記正に領収いたしました

内　訳	
税込金額	2,550円
消費税額(10%)	204円

やぎホームセンター
○○県○○市○○町 X-X
TEL. XX-XXXX-XXXX　FAX. XX-XXXX-XXXX
登録番号：T0000000000

※日用雑貨
［742・消耗品費］

領収書10

領　収　証

〇〇駐車場
登録番号：T0000000000

入庫日時 ××-4-13 ××:××
出庫日時 ××-4-13 ××:××

駐車時間 ×時間 ××分
駐車料金 300円
（内、消費税額10% 27円）

前払 0円
現金 300円
釣銭 0円

※駐車料
［740・旅費交通費］

領収書11

領収証書
毎度ありがとうございます

㈱ティダパーツ 様

〇〇〇〇郵便局
〒000-0000 TEL XX-XXXX-XXXX
登録番号：T0000000000
×年 4月 15日 00:00

［XXXXX］
XXXXX
@XX XXX ¥170

小 計 ¥170

課税計（10%） ¥170
（内消費税等 ¥15）

合計 ¥170
お預り金額 ¥170

※郵送料
［741・通信費］

領収書12

領　収　証

〇〇駐車場
登録番号：T0000000000

入庫日時 ××-4-18 ××:××
出庫日時 ××-4-18 ××:××

駐車時間 ×時間 ××分
駐車料金 400円
（内、消費税額10% 36円）

前払 0円
現金 400円
釣銭 0円

※駐車料
［740・旅費交通費］

領収書13

領　収　証

㈱ティダパーツ　様　　X 年 4 月 18 日

★ ¥1,045

但　文具代として

上記正に領収いたしました

内　訳	
税込金額	¥1,045
消費税額等(10%)	¥95

○○県○○市○○町 X-X
TEL. XX-XXXX-XXXX　FAX. XX-XXXX-XXXX
(株)ブックル
登録番号：T0000000000

※文具代
［743・事務用品費］

領収書14

領収証　　No. ……………

㈱ティダパーツ　様

金 額　★ ¥2,980

但　日用雑貨代として

X 年 4 月 19 日　上記正に領収いたしました

内　訳	
税込金額	2,980円
消費税額(10%)	270円

やぎホームセンター
○○県○○市○○町 X-X
TEL. XX-XXXX-XXXX　FAX. XX-XXXX-XXXX
登録番号：T0000000000

※日用雑貨
［742・消耗品費］

領収書15

領　収　証

○○駐車場
登録番号：T0000000000

入庫日時　××-4-22　XX:XX
出庫日時　××-4-22　XX:XX

駐車時間　X時間　XX分
駐車料金　300円
（内、消費税額10%　27円）
前払　0円
現金　300円
釣銭　0円

※駐車料
［740・旅費交通費］

領収書16

領収証書
毎度ありがとうございます

㈱ティダパーツ 様

○○薬局
〒000-0000　TEL XX-XXXX-XXXX
登録番号：T0000000000
×年　4月25日　00:00

[XXXXX]
XXXXX
@XX　XXX　¥1,680

小　計	¥1,680
課税計（10%）	¥1,680
（内消費税等	¥152）
合計	¥1,680
お預り金額	¥1,680

※常備薬代【製造】
［648・福利厚生費］

領収書17

領収証

㈱ティダパーツ　様

（株）ビジネスサポ
○○県○○市○○町X-X
Tel XX-XXXX-XXXX
登録番号：T0000000000

======================

1. XXXXXXX	XXXX円
2. XXXXXXX	XXXX円
合　計	4,880円
（内、消費税額10%	443円）
現金	5,000円
釣銭	120円

20XX/04/25　XX:XX

※用紙代
［743・事務用品費］

領収書18

領　収　証

日付	'X年04月25日	00:00
車番	0000000	000
基本運賃		1,580円
合計		1,580円
（内、消費税額10%		143円）

上記金額領収致しました。
（消費税を含みます）

○○交通株式会社
○○県○○市○○町X-X
☎XX-XXXX-XXXX
登録番号：T0000000000

※タクシー代
［740・旅費交通費］

領収書19

領　収　証

㈱ティダパーツ　様　　XX年　4月　26日

¥4,400-

但　4月分書籍購読料

上記正に領収いたしました

内　訳	
税抜金額	¥4,000
消費税額(10%)	¥400

文　興　堂　書　店
〇〇県〇〇市〇〇町　X-X
TEL.XX-XXXX-XXXX　FAX.XX-XXXX-XXXX
登録番号：T0000000000

※書籍購読料
［748・新聞図書費］

領収書20

領　収　証

〇〇駐車場
登録番号：T0000000000

入庫日時　××-4-28　XX:XX
出庫日時　××-4-28　XX:XX

駐車時間	X時間　XX分
駐車料金	300円
（内、消費税額10%	27円）
前払	0円
現金	300円
釣銭	0円

※駐車料
［740・旅費交通費］

領収書21

領収証書
毎度ありがとうございます

㈱ティダパーツ　様

〇〇〇〇郵便局
〒000-0000　TEL XX-XXXX-XXXX
登録番号：T0000000000
×年　4月 30日　00:00

[XXXXX]
XXXXX

@XX	XXX	¥240
小　計		¥240
課税計(10%)		¥240
(内消費税等		¥21)
合計		¥240
お預り金額		¥240

※郵送料
［741・通信費］

2-2 普通預金（4月分）

問題3　テキスト 30～31, 58～60, 133ページ

普通預金通帳と関連資料から仕訳入力をしなさい。ただし、※9および※12は入力対象から除く。

門前町銀行

普通預金

年月日	お取引内容		お支払金額	お預り金額	差引残高
	繰越金額				2,495,325
×-4-03	ガス代	※1	4,822		2,490,503
×-4-05	電話代	※1	15,761		2,474,742
×-4-08	FB手数料	※2	2,160		2,472,582
×-4-08	商工会	※3	20,000		2,452,582
×-4-10	携帯電話料	※1	32,697		2,419,885
×-4-10	クレジットカード	※4	152,340		2,267,545
×-4-21	動力代	※5	26,871		2,240,674
×-4-21	電気代	※6	8,065		2,232,609
×-4-22	インターネット接続	※1	4,800		2,227,809
×-4-22	PL保険	※7	7,200		2,220,609
×-4-25	カード	※8	100,000		2,120,609
×-4-27	給料振込	※9	1,381,211		739,398
×-4-27	自動車保険	※1	18,600		720,798
×-4-28	電気代	※1	21,417		699,381
×-4-28	水道代	※1	6,153		693,228
×-4-28	駐車場	※10	40,000		653,228
×-4-30	社会保険料	※11	519,570		133,658
×-4-30	振替	※12		2,200,000	2,333,658

※1　販売費及び一般管理費（販管費）
※2　ファームバンキング利用料……通信費
※3　商工会年会費の引落し……諸会費
※4　未払金計上分
※5　製造原価……電力料等
※6　製造原価……水道光熱費
※7　製造原価……保険料
※8　現金引き出し
※9　給料振込……後述
※10　販管費……地代家賃
※11　3月分社会保険料の引落し……事業主負担分/未払金計上済み、従業員負担分/預り金計上済み
※12　当座預金からの振替……後述

問題4　テキスト 61～63, 130～133ページ

テキスト 61～63, 130～133ページ

小切手帳控と当座照合表および関連資料から仕訳入力をしなさい。

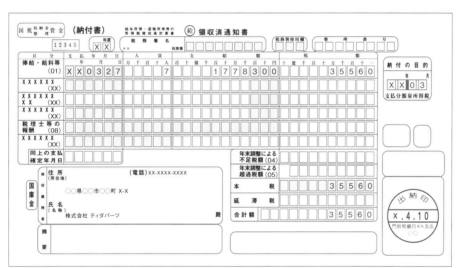

小切手帳控①

No. 07026
X年 4月 10日
金額 ¥131,360
渡先
摘要
源泉所得税 35,560円
住民税 95,800円
残高 ¥1,062,307
門前町銀行○○支店

領収証書（△△市 住民税）

給与分	53,500円
合計金額	53,500円

△△市 住民税　(株)ティダパーツ
領収日付印：出納印 X.4.10 門前町銀行××支店 ○○

領収証書（○○市 住民税）

給与分	42,300円
合計金額	42,300円

○○市 住民税　(株)ティダパーツ
領収日付印：出納印 X.4.10 門前町銀行××支店 ○○

国税 収納金整理資金（納付書） 給与所得・退職所得等の所得税徴収高計算書　㊎ 領収済通知書

12345　年度 XX　税務署名 ××

区分	支払年月日	人員	支給額	税額
俸給・給料等 (01)	XX0327	7	1778300	35560
XXXXXX (XX)				
XXXXXX XX (XX)				
XXXXXX (XX)				
税理士等の報酬 (08)				
XXXXXX (XX)				
同上の支払確定年月日				
年末調整による不足税額 (04)				
年末調整による超過税額 (05)				
本税				35560
延滞税				
合計額				35560

納付の目的：XX年03月 支払分源泉所得税

住所（所在地）○○県○○市○○町 X-X（電話）XX-XXXX-XXXX
氏名（名称）株式会社 ティダパーツ 殿

出納印 X.4.10 門前町銀行××支店 ○○

小切手帳控②

No. 07027
X年 4月 10日
金額 ¥115,500
渡先 パオロ工業㈱
摘要
パオロ工業㈱
2月分
残高 ¥946,807
門前町銀行○○支店

領収証　No. 003845

㈱ティダパーツ 様

金額 ★ ¥115,500

但 2月分代金として
X年 4月 10日 上記正に領収いたしました

内訳	
現金	
小切手	¥115,500
手形	／
その他	／
合計	¥115,500

パオロ工業㈱
○○県○○市○○町 X-X
TEL. XX-XXXX-XXXX　FAX. XX-XXXX-XXXX
登録番号：T0000000000

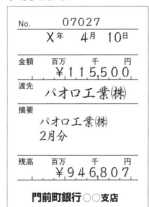

小切手帳控③

No. 07028
X年 4月 30日
金額 百万 千 円
¥39,270
渡先 ㈱ワークワン
摘要 ㈱ワークワン
3月分
残高 百万 千 円
¥2,833,796
門前町銀行○○支店

No. 053682　領 収 証

㈱ティダパーツ 様　X年 4月 30日

★ 金参萬九千弐百七拾円

但 3月分代金として

上記正に領収いたしました

内 訳	
小切手	¥39,270
手 形	／
その他	／
合 計	¥39,270

株式会社ワークワン
○○県○○市○○町 X-X
TEL. XX-XXXX-XXXX FAX. XX-XXXX-XXXX
登録番号：T0000000000

小切手帳控④

No. 07029
X年 4月 30日
金額 百万 千 円
¥30,660
渡先 長野梱包運輸㈱
摘要 長野梱包運輸㈱
3月分
残高 百万 千 円
¥2,803,136
門前町銀行○○支店

No. 003483　領 収 証

㈱ティダパーツ 様　X年 4月 30日

金30,660円

但 3月分

上記正に領収いたしました

内 訳	
小切手	30,660円
その他	／
合 計	30,660円

○○県○○市○○町 X-X
TEL. XX-XXXX-XXXX FAX. XX-XXXX-XXXX
長野梱包運輸株式会社
登録番号：T0000000000

小切手帳控⑤

No. 07030
X年 4月 30日
金額 百万 千 円
¥420,660
渡先 鈴木不動産
摘要 鈴木不動産
5月分家賃振込
残高 百万 千 円
¥2,382,476
門前町銀行○○支店

振込依頼書（控）
お振込方法 本支店宛 他行宛 電信扱
お手続日 X年 4月 30日

お振込先
フリガナ ○○○○○○○○○　フリガナ ○○○○○
○○○○銀行　○○支店
預金種目 1　1.普通 4.貯蓄 2.当座 9.その他（ ）
口座番号 XXXXXXX　右づめでご記入下さい

お受取人
フリガナ スズキフドウサン
鈴木不動産 様
金額 百億 拾億 億 千万 百万 拾万 万 千 百 拾 円
¥420660

ご依頼人
おなまえ フリガナ カブシキガイシャティダパーツ
株式会社ティダパーツ 様
おところ ○○県○○市○○町 X-X
ご連絡先お電話（ XX - XXXX - XXXX ）

振込料 0円

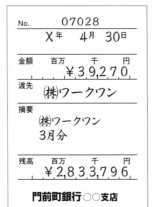

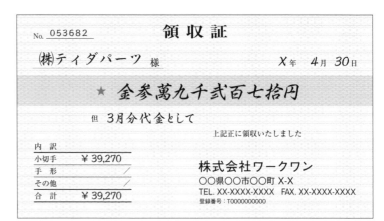

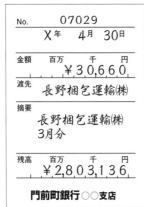

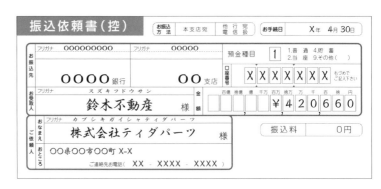

※賃料の内訳は次のとおり。
本社家賃 148,500円
工場家賃 272,160円

小切手帳控⑥

No.	07031
	X年 4月 30日
金額 百万 千 円	¥2,200,000
渡先	
摘要	普通預金口座へ振替
残高 百万 千 円	¥182,476

門前町銀行○○支店

当座照合表

当座照合表

口座番号XXXXX　　自×年4月1日　至×年4月30日

日付	備考	預入金額	支払金額	残高	
	繰越			894,940	
4月1日	07023		58,222	836,718	
4月5日	07024		38,693	798,025	
4月5日	手形取立	395,642		1,193,667	※1
4月10日	07026		131,360	1,062,307	
4月12日	07027		115,500	946,807	
4月15日	積立		50,000	896,807	※2
4月20日	㈱レンブラント　振込	2,156,259		3,053,066	※3
4月25日	借入返済		180,000	2,873,066	※4
4月30日	他店小切手	908,670		3,781,736	※5
4月30日	07030		420,660	3,361,076	
4月30日	07031		2,200,000	1,161,076	

門前町銀行

※1　1月25日受領、得意先・㈱ミレー発行の約束手形、期日到来取立入金額
※2　定期積金の振替額
※3　得意先・㈱レンブラント　2月分売上請求　2,156,259円の振込入金。
※4　証書借入に対する毎月の返済。元利均等返済。当月16,302円の利息を含む。
※5　他店振出小切手の預け入れ

当 座 入 金 帳　　×年 4月 30日

¥908,670

内訳	
小切手	1 枚
手形	
その他	

㈱ティダパーツ

2-4 売掛金（4月分）

問題5 テキスト 32～33, 64～66, 138～141ページ

売掛金の回収について領収書控から仕訳入力をしなさい。

領収証（控）　㈱ミレー 様　No. 020976

金額 ¥1,724,625

内訳	
現金	
小切手	
手形	¥1,724,625／3枚
その他	／
合計	¥1,724,625

但 3月分として
X年 4月 25日 上記正に領収いたしました
株式会社ティダパーツ
○○県○○市○○町 X-X
TEL. XX-XXXX-XXXX FAX. XX-XXXX-XXXX
登録番号：T0000000000

No. 02865　約束手形　OG611211
収入印紙
(株)ティダパーツ 殿
金額 ¥670,845※
支払期日 X年 7月 5日
支払地 ●●県○○市
支払場所 株式会社○○銀行 門前町支店
●● 3566 5718-319
上記金額をあなたまたはあなたの指図人へこの約束手形と引換えにお支払いたします
X年 4月25日
振出地 住所 東京都中央区銀座△丁目△番△号
振出人 株式会社 ミレー
代表取締役 小野 栄太郎

No. 02866　約束手形　OG611212
収入印紙
(株)ティダパーツ 殿
金額 ¥641,235※
支払期日 X年 7月 5日
支払地 ●●県○○市
支払場所 株式会社○○銀行 門前町支店
●● 3566 5718-319
上記金額をあなたまたはあなたの指図人へこの約束手形と引換えにお支払いたします
X年 4月25日
振出地 住所 東京都中央区銀座△丁目△番△号
振出人 株式会社 ミレー
代表取締役 小野 栄太郎

No. 02867　約束手形　OG611213
収入印紙
(株)ティダパーツ 殿
金額 ¥412,545※
支払期日 X年 7月 5日
支払地 ●●県○○市
支払場所 株式会社○○銀行 門前町支店
●● 3566 5718-319
上記金額をあなたまたはあなたの指図人へこの約束手形と引換えにお支払いたします
X年 4月25日
振出地 住所 東京都中央区銀座△丁目△番△号
振出人 株式会社 ミレー
代表取締役 小野 栄太郎

領収証（控）　㈱クールベ 様　No. 020977

金額 ¥908,670

内訳	
現金	
小切手	¥908,670
手形	／
その他	／
合計	¥908,670

但 3月分として
X年 4月 30日 上記正に領収いたしました
株式会社ティダパーツ
○○県○○市○○町 X-X
TEL. XX-XXXX-XXXX FAX. XX-XXXX-XXXX
登録番号：T0000000000

問題6 テキスト 64～65, 138～141ページ

請求書(控)から当月分売上に関する仕訳入力をしなさい。

㈱ミレー：末締め　翌25日　全額手形(サイト70日)

請求明細書(控)　×年4月30日締め分

㈱ミレー　様

㈱ティダパーツ
xx県xx市xx町x-x-x x
登録番号：T0000000000

前月繰越	入金額	当月税抜売上額	消費税額	当月税込売上高	当月残高
1,724,625円	1,724,625円	1,750,828円	175,082円	1,925,910円	1,925,910円

日付	伝票番号	品名	数量	単位	単価	金額	備　考
x/x	xxx	xxx xxx xxx xxx xxx	xxx	x	xxxxxx	xxxxxx	
x/x	xxx	xxx xxx xxx xxx xxx	xxx	x	xxxxxx	xxxxxx	
x/x	xxx	xxx xxx xxx xxx xxx	xxx	x	xxxxxx	xxxxxx	
x/x	xxx	xxx xxx xxx xxx xxx	xxx	x	xxxxxx	xxxxxx	
x/x	xxx	xxx xxx xxx xxx xxx	xxx	x	xxxxxx	xxxxxx	

㈱レンブラント：末締め　翌々20日　全額振込

請求明細書(控)　×年4月30日締め分

㈱レンブラント　様

㈱ティダパーツ
xx県xx市xx町x-x-x x
登録番号：T0000000000

前月繰越	入金額	当月税抜売上額	消費税額	当月税込売上高	当月残高
4,086,589円	2,156,259円	2,087,133円	208,713円	2,295,846円	4,226,176円

日付	伝票番号	品名	数量	単位	単価	金額	備　考
x/x	xxx	xxx xxx xxx xxx xxx	xxx	x	xxxxxx	xxxxxx	
x/x	xxx	xxx xxx xxx xxx xxx	xxx	x	xxxxxx	xxxxxx	
x/x	xxx	xxx xxx xxx xxx xxx	xxx	x	xxxxxx	xxxxxx	
x/x	xxx	xxx xxx xxx xxx xxx	xxx	x	xxxxxx	xxxxxx	
x/x	xxx	xxx xxx xxx xxx xxx	xxx	x	xxxxxx	xxxxxx	

㈱クールベ：末締め　翌末　全額小切手

請求明細書(控)　×年4月30日締め分

㈱クールベ　様

㈱ティダパーツ
xx県xx市xx町x-x-x x
登録番号：T0000000000

前月繰越	入金額	当月税抜売上額	消費税額	当月税込売上高	当月残高
908,670円	908,670円	1,530,595円	153,059円	1,683,654円	1,683,654円

日付	伝票番号	品名	数量	単位	単価	金額	備　考
x/x	xxx	xxx xxx xxx xxx xxx	xxx	x	xxxxxx	xxxxxx	
x/x	xxx	xxx xxx xxx xxx xxx	xxx	x	xxxxxx	xxxxxx	
x/x	xxx	xxx xxx xxx xxx xxx	xxx	x	xxxxxx	xxxxxx	
x/x	xxx	xxx xxx xxx xxx xxx	xxx	x	xxxxxx	xxxxxx	
x/x	xxx	xxx xxx xxx xxx xxx	xxx	x	xxxxxx	xxxxxx	

2-5 受取手形（4月分）

問題7 テキスト 67～69, 135～136 ページ

受取手形の裏書譲渡について領収書および補足資料から仕訳入力をしなさい。

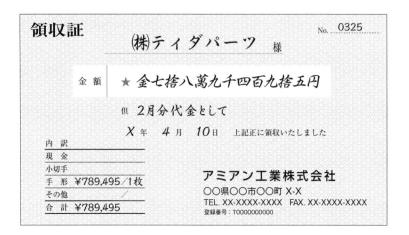

領収証

No. 0325

㈱ティダパーツ 様

金額 ★金七拾八萬九千四百九拾五円

但 2月分代金として

X 年 4 月 10 日 上記正に領収いたしました

内訳	
現金	
小切手	
手形	¥789,495／1枚
その他	／
合計	¥789,495

アミアン工業株式会社
○○県○○市○○町 X-X
TEL. XX-XXXX-XXXX FAX. XX-XXXX-XXXX
登録番号：T0000000000

〈おもて面〉

No. 02855 約束手形 OG611201

収入印紙

(株)ティダパーツ 殿

金額 ¥789,495※

支払期日	X 年 6月 5日
支払地	●●県○○市
支払場所	株式会社○○銀行 門前町支店

●● 3566
5718-319

上記金額をあなたまたはあなたの指図人へこの約束手形と引換えにお支払いたします

X 年 3月 31日
振出地 住所 東京都中央区銀座△丁目△番△号
振出人 株式会社 ミレー
代表取締役 小野 栄太郎 （印：小野栄太郎）

〈うら面〉

表記金額を下記被裏書人または指図人へお支払ください。
× 年 4月 10日 拒絶証書不要
住所 ××県 ××市 ××町× 丁目×番× 号
株式会社 ティダパーツ
代表取締役 黒房 要蔵 （印：黒房要蔵）
（目的）
被裏書人 アミアン工業株式会社

表記金額を下記被裏書人または指図人へお支払ください。
× 年 4月 10日 拒絶証書不要
住所
（目的）
被裏書人

表記金額を下記被裏書人または指図人へお支払ください。
× 年 4月 10日 拒絶証書不要
住所
（目的）
被裏書人

表記金額を下記被裏書人または指図人へお支払ください。
× 年 4月 10日 拒絶証書不要
住所
（目的）
被裏書人

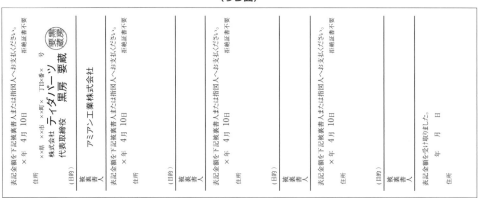

表記金額を受け取りました。
年 月 日
住所

No. 0194

領 収 証

㈱ティダパーツ 様

X年 4月 10日

金652,155円

但 2月分として

上記正に領収いたしました

内 訳	
小切手	
その他	／
合 計	

イサク工業（株）
〇〇県〇〇市〇〇町 X-X
TEL. XX-XXXX-XXXX FAX. XX-XXXX-XXXX
登録番号：T0000000000

〈おもて面〉

No. 02856

約 束 手 形 OG611202

収入印紙

（株）ティダパーツ 殿

金額 ¥652,155※

支払期日	X年 6月 5日
支 払 地	●●県〇〇市
支払場所	株式会社◎◎銀行 門前町支店

●● 3566
5718-319

上記金額をあなたまたはあなたの指図人へこの約束手形と引換えにお支払いたします

X年 3月 31日

振出地 住所 東京都中央区銀座△丁目△番△号

振出人 株式会社 ミレー

代表取締役 小野 栄太郎 （印）

〈うら面〉

表記金額を下記被裏書人または指図人へお支払ください。
× 年 4月 10日 拒絶証書不要
住所 ××県 ××市 ××町× 丁目×番× 号
株式会社 ティダパーツ
代表取締役 黒房 要蔵 （印）
（目的）
被裏書人

表記金額を下記被裏書人または指図人へお支払ください。
× 年 4月 10日 拒絶証書不要
住所
（目的）
被裏書人

表記金額を下記被裏書人または指図人へお支払ください。
× 年 4月 10日 拒絶証書不要
住所
（目的）
被裏書人

表記金額を下記被裏書人または指図人へお支払ください。
× 年 4月 10日 拒絶証書不要
住所
（目的）
被裏書人

表記金額を受け取りました。
年 月 日
住所

2-6 買掛金（4月分）

問題8 テキスト 72, 142ページ

当月の材料仕入高、外注加工費について請求書から仕訳入力をしなさい。

アミアン工業㈱：材料仕入　末締　翌々月10日支払

請求明細書

㈱ティダパーツ　様

×年4月30日

アミアン工業㈱
xx県xx市xx町x-x-xx
登録番号：T0000000000

前月繰越	入金額	当月税抜売上額	消費税額	当月税込売上高	当月残高
1,460,340円	789,495円	870,260円	87,025円	957,285円	1,628,130円

日付	伝票番号	品名	数量	単位	単価	金額	備考
X／X	XXX	XXX XXX XXX XXX XXX	XXX	X	XXXXXX	XXXXXX	
X／X	XXX	XXX XXX XXX XXX XXX	XXX	X	XXXXXX	XXXXXX	
X／X	XXX	XXX XXX XXX XXX XXX	XXX	X	XXXXXX	XXXXXX	

イサク工業㈱：材料仕入　末締　翌々月10日支払

請求明細書

㈱ティダパーツ　様

×年4月30日

イサク工業㈱
xx県xx市xx町x-x-xx
登録番号：T0000000000

前月繰越	入金額	当月税抜売上額	消費税額	当月税込売上高	当月残高
1,293,390円	652,155円	461,905円	46,190円	508,095円	1,149,330円

日付	伝票番号	品名	数量	単位	単価	金額	備考
X／X	XXX	XXX XXX XXX XXX XXX	XXX	X	XXXXXX	XXXXXX	
X／X	XXX	XXX XXX XXX XXX XXX	XXX	X	XXXXXX	XXXXXX	
X／X	XXX	XXX XXX XXX XXX XXX	XXX	X	XXXXXX	XXXXXX	

パオロ工業㈱：外注加工費　末締　翌々月10日支払

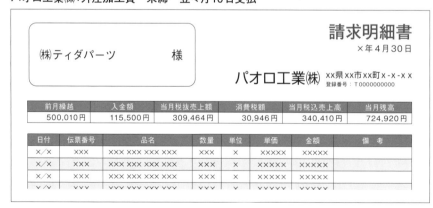

請求明細書

㈱ティダパーツ　様

×年4月30日

パオロ工業㈱ xx県xx市xx町x-x-xx
登録番号：T0000000000

前月繰越	入金額	当月税抜売上額	消費税額	当月税込売上高	当月残高
500,010円	115,500円	309,464円	30,946円	340,410円	724,920円

日付	伝票番号	品名	数量	単位	単価	金額	備考
X／X	XXX	XXX XXX XXX XXX	XXX	X	XXXXX	XXXXX	
X／X	XXX	XXX XXX XXX XXX	XXX	X	XXXXX	XXXXX	
X／X	XXX	XXX XXX XXX XXX	XXX	X	XXXXX	XXXXX	

2-7 未払金（4月分）

問題9 テキスト 75ページ

当月の未払金の発生額について請求書等から仕訳入力をしなさい。

㈱ワークワン：工場消耗品購入　末締　翌末日支払

請求明細書

×年4月30日
(P1/XX)

㈱ティダパーツ　様

㈱ワークワン
○○県○○市○○町x-x
登録番号：T0000000000

前月繰越	39,270 円
当月入金額	39,270 円
当月税抜売上額	13,650 円
消費税額	1,365 円
当月税込売上高	15,015 円
当月残高	15,015 円

長野梱包運輸㈱：運賃［販売管理費］　末締　翌末日支払

P1/XX

請求明細書

×年4月30日

㈱ティダパーツ　様

長野梱包運輸㈱
○○県○○市○○町x-x
登録番号：T0000000000

前月繰越	30,660 円
当月入金額	30,660 円
当月税抜売上額	26,346 円
消費税額	2,634 円
当月税込売上高	28,980 円
当月残高	28,980 円

問題10

当月のクレジットカード利用の取引について利用明細等から仕訳入力をしなさい。

クレジットカード利用明細：15日締め　翌月10日預金口座引落

クレジットカード　利用明細

×年4月15日

㈱ティダパーツ　　様

ご利用日	ご利用店名・備考	ご利用額	
3月28日	割烹長寿庵	34,200円	※1
3月31日	太陽石油㈱	46,518円	※2
3月31日	通行料（ETC）当月分	28,645円	※3
4月 8日	大山カントリークラブ	22,000円	※4
4月14日	ビストロジャーマン	18,000円	※5
	当月ご利用額	149,363円	

※1　得意先接待飲食代……（前期入力済み）
※2　ガソリン代　3月合計額　消耗品費。……（前期入力済み）
※3　高速道路通行料（ETC利用）　3月合計額　旅費交通費。……（前期入力済み）
※4　得意先接待ゴルフ代。
※5　得意先接待飲食代。

クレジットカード　利用明細

×年5月15日

㈱ティダパーツ　　様

ご利用日	ご利用店名・備考	ご利用額	
4月30日	太陽石油㈱	38,641円	※1
4月30日	通行料（ETC）当月分	24,655円	※2
5月12日	ミントンカントリークラブ	24,500円	※3
	当月ご利用額	87,796円	

※1　ガソリン代　4月合計額　消耗品費。
※2　高速道路通行料（ETC利用）　4月合計額　旅費交通費。
※3　得意先接待ゴルフ代。

2-8 給料（4月分）

問題11 テキスト 78～79, 144～150ページ

4月27日、普通預金からの当月分給料の振込支払について、資料から仕訳入力をしなさい。

給与明細一覧表

氏名	黒房要蔵	大崎大二	佐田明人	(小計1)	木下秀治	吉田康祐	和木一郎	岡崎沙羅	(小計2)	合　計
	社長	営業1	営業2		製造1	・製造2	製造3	製造4		
役員報酬	500,000			500,000					0	500,000
給料・賃金	0	350,000	230,000	580,000	250,000	210,000	132,000	104,650	696,650	1,276,650
総支給額	500,000	350,000	230,000	1,080,000	250,000	210,000	132,000	104,650	696,650	1,776,650
健康保険料	29,550	17,000	14,181	60,731	13,000	11,000	7,100	4,900	36,000	96,731
厚生年金保険料	45,115	31,110	21,960	98,185	23,790	18,300	12,993	8,967	64,050	162,235
雇用保険料	0	3,604	690	4,294	750	630	396	313	2,089	6,383
所得税	12,180	6,740	4,550	23,470	5,200	4,050	1,340	230	10,820	34,290
住民税	34,000	22,800	14,200	71,000	12,500	5,300	4,600	2,400	24,800	95,800
控除額計	120,845	81,254	55,581	257,680	55,240	39,280	26,429	16,810	137,759	395,439
差引支給額	379,155	268,746	174,419	822,320	194,760	170,720	105,571	87,840	558,891	1,381,211
									総　額	1,381,211

※ 健康保険料は、介護保険料を含む。
※ 控除額は、預り金勘定を使用する。

給与振込明細

給与振込明細　　　門前町銀行　YY支店

【依頼人】	【振込元預金口座】	【振込依頼日】	【振込予定日】	【資金合計】
㈱ティダパーツ	普通預金　2037685	X年4月24日	X年4月27日	1,381,211円

【 振 込 明 細 】

【振込先名称】	【振込先口座】	【振込金額】		
黒房要蔵	XX銀行　XX支店	379,155円		
大崎大二	XX銀行　XX支店	268,746円		
佐田明人	XX銀行　XX支店	174,419円		
木下秀治	XX銀行　XX支店	194,760円		
吉田康祐	XX銀行　XX支店	170,720円		
和木一郎	XX銀行　XX支店	105,571円		
岡崎沙羅	XX銀行　XX支店	87,840円		
合　計		1,381,211円		

問題12 テキスト 74, 147ページ

当月分の事業主負担社会保険料について、領収書および資料から仕訳入力をしなさい。

口座引落通知書兼領収書

納付目的年月	×年　4月	納付期限	×年　5月　31日
社会保険料内訳			
健康保険料	年金保険料	子ども子育て拠出金	
193,462円	324,470円	1,638円	
合　計　額		519,570円	

社会保険料に関する資料

社会保険料	健康保険料		年金保険料		子ども子育て拠出金	合　計
	193,462円		324,470円		1,638円	519,570円
【内訳】	事業主	従業員	事業主	従業員	事業主	
営業部門	60,731円	60,731円	98,185円	98,185円	983円	
製造部門	36,000円	36,000円	64,050円	64,050円	655円	
合　計	193,462円		324,470円		1,638円	

2-9 棚卸(4月分)

問題13 テキスト 80, 143, 161～165ページ

当月分の棚卸について、資料から仕訳入力をしなさい。

棚卸合計表

×年4月30日

原材料	972,300円
製　品	920,367円

2-10 減価償却費(4月分)

問題14 テキスト 80ページ

当月分の減価償却費について、資料から仕訳入力をしなさい。

減価償却費一覧　=第5期=

自×年4月1日　至×年3月31日

勘定科目	取得価額	当期償却額	一般経費	製造経費
建物付属設備	3,880,000円	230,472円		230,472円
機械及び装置	3,570,000円	266,679円		266,679円
車両運搬具	2,734,200円	137,803円	137,803円	
工具器具備品	468,000円	23,400円		23,400円
合計	10,652,200円	658,354円	137,803円	520,551円

減価償却費一覧　=4月度=

勘定科目	取得価額	当月償却額	一般経費	製造経費
建物付属設備	3,880,000円	19,206円		19,206円
機械及び装置	3,570,000円	22,223円		22,223円
車両運搬具	2,734,200円	11,483円	11,483円	
工具器具備品	468,000円	1,950円		1,950円
合計	10,652,200円	54,862円	11,483円	43,379円

2-11 集計表の確認（4月分）

問題15 テキスト 133ページ

A.4月度銀行勘定調整表を作成しなさい。

当座預金残高		
加算調整事項		
①		
②		
③		
④		
減算調整事項		
①		
②		
③		
④		
調整後残高（銀行残高証明書金額）		1,161,076

B.各勘定の4月末残高を記入しなさい。

勘　定　名	残　高
現金	
売掛金－㈱ミレー	
原材料及び貯蔵品	
買掛金－アミアン工業㈱	
未払金－㈱ワークワン	
未払金－社会保険料	
預り金－源泉所得税	
[製造]賃金	
[製造]法定福利費	
[製造]保険料	
交際費	
地代家賃	
支払利息	
当期純利益	

2-12 現金（5月分）

4月分取引の入力に続いて、5月分の取引を入力しましょう。
（作成済の会計データを使用する場合は、「株式会社ティダパーツ5月(第2章)」を開きます）

問題16 テキスト 28～29, 45～57ページ

次の現金払い分の領収書について入力をしなさい。

領収書1

領　収　証

○○駐車場
登録番号：T0000000000

入庫日時	××-5-1	XX:XX
出庫日時	××-5-1	XX:XX
駐車時間		X時間 XX分
駐車料金		300円
（内、消費税額10%		27円）
前払		0円
現金		300円
釣銭		0円

※駐車料
［740・旅費交通費］

領収書2

領　収　証

○○駐車場
登録番号：T0000000000

入庫日時	××-5-6	XX:XX
出庫日時	××-5-6	XX:XX
駐車時間		X時間 XX分
駐車料金		500円
（内、消費税額10%		45円）
前払		0円
現金		500円
釣銭		0円

※駐車料
［740・旅費交通費］

領収書3

領収証　　No. ……………

㈱ティダパーツ 様

金額 ★ ¥3,150

但 お土産代として

X年 5月 7日 上記正に領収いたしました

内訳
税込金額 3,150円
消費税額(10%) 286円

風雪堂
○○県○○市○○町 X-X
TEL. XX-XXXX-XXXX　FAX. XX-XXXX-XXXX
登録番号：T0000000000

※お土産代
［704・交際費］

領収書4

領収証

㈱ティダパーツ　様

○○○○コーヒー　○○店
○○県○○市○○町X-X
Tel XX-XXXX-XXXX
登録番号：T0000000000

==========================

1. XXXXXXX　XXXX円
2. XXXXXXX　XXXX円

合　計　1,580円
（内、消費税額8%　117円）

現金　2,000円
釣銭　420円

20XX/05/08　XX:XX

※コーヒー代等【製造】
［648・福利厚生費］

領収書5

領　収　書

領収管理番号　UQ0000XXXX
ご注文番号　RV000000XXXX

発行日(領収日)　**XX年　5月11日**

株式会社 ティダパーツ 様

領収金額（税込）　￥376－

（内、消費税額10%　￥34）

上記の金額を納入商品代金として領収いたしました。

ワーカーズショップ **24U**
ワーカーズショップ24U
株式会社 Distribution Japan
〒XXX-XXX　○○市○○町X-X-X
TEL XXX-XXX-XXXX　FAX XXX-XXX-XXXX
登録番号：T0000000000

内　訳	数量	単価(税込)	金額(税込)	区分
XXXXXXXXXXXXX	XX	XX	XXX	
XXXXXXXXXXXXX	XX	XX	XXX	

※日用雑貨
［742・消耗品費］

領収書6

領　収　証

○○駐車場
登録番号：T0000000000

入庫日時　××-5-12　XX：XX
出庫日時　××-5-12　XX：XX

駐車時間　X時間　XX分
駐車料金　800円
（内、消費税額10%　72円）
前払　0円
現金　800円
釣銭　0円

※駐車料
［740・旅費交通費］

領収書７

領収証

㈱ティダパーツ　様

(株)ビジネスサポ
○○県○○市○○町X-X
Tel XX-XXXX-XXXX
登録番号：T0000000000

========================

1. XXXXXXX　XXXX円
2. XXXXXXX　XXXX円

合　計　17,010円
(内､消費税額10%　1,546円)

現金　18,000円
釣銭　990円

20XX/05/12　XX:XX

※トナー代
［743･事務用品費］

領収書８

領収証書
毎度ありがとうございます

㈱ティダパーツ　様

○○○○郵便局
〒000-0000　TEL XX-XXXX-XXXX
登録番号：T0000000000
×年　5月13日　00:00

[XXXXX]
XXXXX
@XX　XXX　¥2,000

小　計　¥2,000

課税計(10%)　¥0
(内消費税等　¥0)

合計　¥2,000
お預り金額　¥2,000

※印紙10枚
［757･租税公課］

領収書９

領　収　証

日付　'X年05月13日　00:00
車番　0000000　000
基本運賃　1,260円

合計　1,260円
(内､消費税額10%　114円)

上記金額領収致しました。
(消費税を含みます)

○○交通株式会社
○○県○○市○○町X-X
☎XX-XXXX-XXXX
登録番号：T0000000000

※タクシー代
［740･旅費交通費］

2章

領収書10

領収証書
毎度ありがとうございます

㈱ティダパーツ 様

〇〇〇〇郵便局
〒000-0000 TEL XX-XXXX-XXXX
登録番号：T0000000000
×年 5月15日 00:00

[XXXXX]
XXXXX
@XX XXX ¥340

小 計	¥340
課税計（10%）	¥340
（内消費税等	¥30）
合計	¥340
お預り金額	¥340

※郵送料
[741・通信費]

領収書11

領収証
No. ....

㈱ティダパーツ 様

金 額 ★ ¥3,460

但 日用雑貨代として

X 年 5 月 15 日 上記正に領収いたしました

内 訳	
税込金額	3,460円
消費税額(10%)	314円

やぎホームセンター
〇〇県〇〇市〇〇町 X-X
TEL. XX-XXXX-XXXX FAX. XX-XXXX-XXXX
登録番号：T0000000000

※日用雑貨
[742・消耗品費]

領収書12

領 収 証

〇〇駐車場
登録番号：T0000000000

入庫日時	xx-5-18 XX：XX
出庫日時	xx-5-18 XX：XX
駐車時間	X時間 XX分
駐車料金	400円
（内、消費税額10%	36円）
前払	0円
現金	400円
釣銭	0円

※駐車料
[740・旅費交通費]

2
章

領収書13

領　　収　　証

㈱ティダパーツ　様　　　X年　5月　18日

★ ¥1,500

但　町内会費4〜6月分として

上記正に領収いたしました

内　　訳

税抜金額

消費税額等(　%)

○○○○町内会

○○市○○町 X-X

TEL. XX-XXXX-XXXX　FAX. XX-XXXX-XXXX

※町内会費 4-6月分
［754・諸会費］

領収書14

領収証

㈱ティダパーツ　様

○○○○ホームセンター
○○県○○市○○町X-X
Tel XX-XXXX-XXXX
登録番号：T0000000000

======================

1. XXXXXXX　　XXXX円
2. XXXXXXX　　XXXX円

合　計　　7,665円

(内、消費税額10%　　698円)

現金　　8,000円
釣銭　　335円

20XX/05/19　XX:XX

※ホームセンター【製造】
［652・消耗品費］

領収書15

領　収　書

領収管理番号　UQ0000XXXX
ご注文番号　RV000000XXXX

発行日(領収日)　**XX年　5月21日**

株式会社 ティダパーツ 様

領収金額(税込)　¥1,600ー

(内、消費税額10%　¥145)

上記の金額を納入商品代金として領収いたしました。

ワーカーズショップ 24U

株式会社 Distribution Japan
〒XXX-XXX　○○市○○町X-X-X
TEL xxx-xxx-xxxx　FAX xxx-xxx-xxxx
登録番号：T0000000000

ワーカーズショップ24U

内　訳	数量	単価(税込)	金額(税込)	区分
XXXXXXXXXXXXX	XX	XX	XXX	
XXXXXXXXXXXXX	XX	XX	XXX	

※日用雑貨
［742・消耗品費］

領収書16

領　収　証

〇〇駐車場
登録番号：T0000000000

入庫日時　××-5-23　XX：XX
出庫日時　××-5-23　XX：XX

駐車時間	X時間　XX分
駐車料金	300円
（内、消費税額10％	27円）
前払	0円
現金	300円
釣銭	0円

※駐車料
［740･旅費交通費］

領収書17

領収証　　No. ....

㈱ティダパーツ　様

金額　★　¥2,870

但　日用雑貨代として

X 年　5 月　24 日　上記正に領収いたしました

内　訳	
税込金額	2,870円
消費税額(10%)	260円

やぎホームセンター
〇〇県〇〇市〇〇町 X-X
TEL. XX-XXXX-XXXX　FAX. XX-XXXX-XXXX
登録番号：T0000000000

※日用雑貨
［742･消耗品費］

領収書18

領収証　　No. ....

㈱ティダパーツ　様

金額　★　¥14,000

但　窓ガラス交換代として

X 年　5 月　25 日　上記正に領収いたしました

内　訳	
税込金額	14,000円
消費税額(10%)	1,272円

(株)ヒカリガラス
〇〇県〇〇市〇〇町 X-X
TEL. XX-XXXX-XXXX　FAX. XX-XXXX-XXXX
登録番号：T0000000000

※窓ガラス交換
［746･修繕費］

領収書19

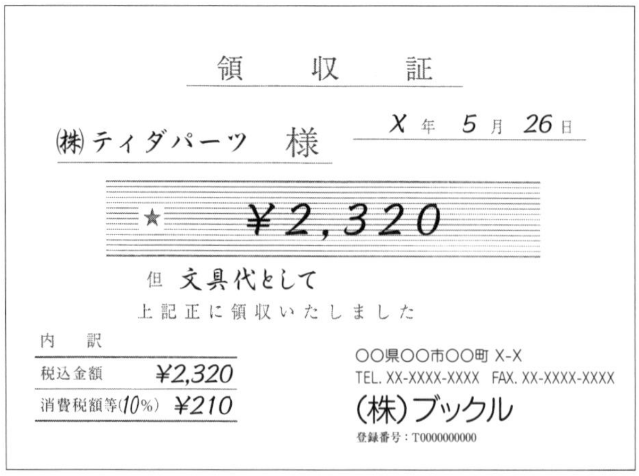
領　収　証

㈱ティダパーツ　様　　X 年 5 月 26 日

★　¥2,320

但　文具代として
上記正に領収いたしました

内　訳	
税込金額	¥2,320
消費税額等(10%)	¥210

○○県○○市○○町 X-X
TEL. XX-XXXX-XXXX　FAX. XX-XXXX-XXXX
(株)ブックル
登録番号：T0000000000

※文具代
［743・事務用品費］

領収書20

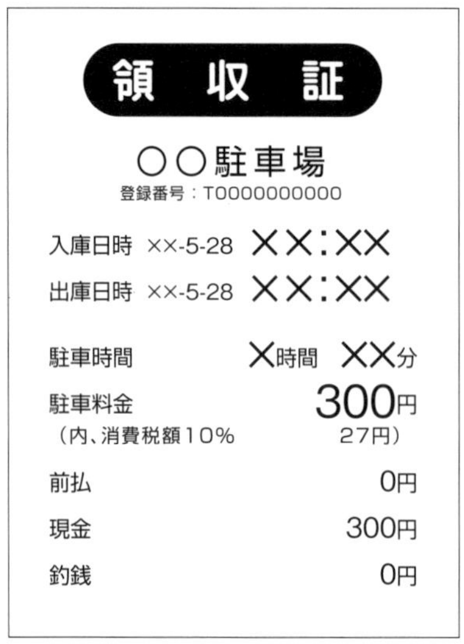
領　収　証

○○駐車場
登録番号：T0000000000

入庫日時　××-5-28　XX:XX
出庫日時　××-5-28　XX:XX

駐車時間	X時間　XX分
駐車料金	300円
(内、消費税額10%	27円)
前払	0円
現金	300円
釣銭	0円

※駐車料
［740・旅費交通費］

領収書21

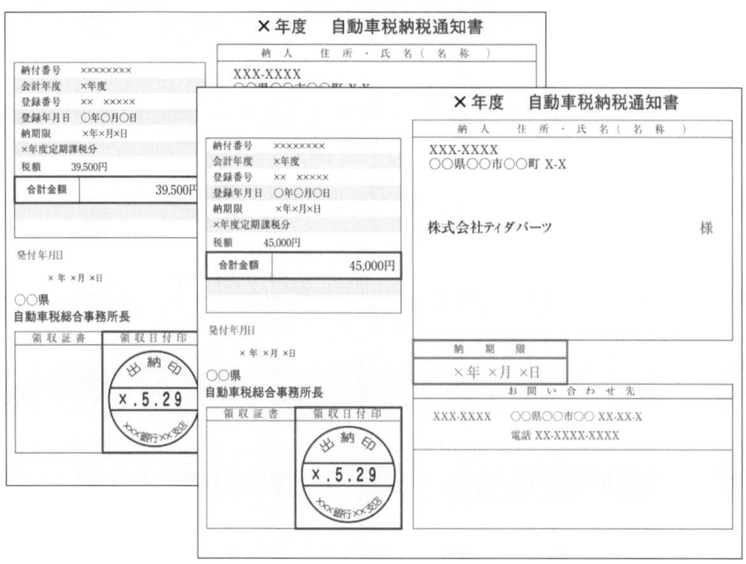
×年度　自動車税納税通知書

納人　住所・氏名（名称）
XXX-XXXX

納付番号	××××××××
会計年度	×年度
登録番号	××　×××××
登録年月日	○年○月○日
納期限	×年×月×日
×年度定期課税分	
税額	39,500円
合計金額	39,500円

発付年月日
×年×月×日
○○県
自動車税総合事務所長

領収証書　領収日付印
出納印　x.5.29　×××銀行××支店

×年度　自動車税納税通知書

納人　住所・氏名（名称）
XXX-XXXX
○○県○○市○○町 X-X

株式会社ティダパーツ　様

納付番号	××××××××
会計年度	×年度
登録番号	××　×××××
登録年月日	○年○月○日
納期限	×年×月×日
×年度定期課税分	
税額	45,000円
合計金額	45,000円

発付年月日
×年×月×日
○○県
自動車税総合事務所長

納期限
×年×月×日

お問い合わせ先
XXX-XXXX　○○県○○市○○ XX-XX-X
電話 XX-XXXX-XXXX

領収証書　領収日付印
出納印　x.5.29　×××銀行××支店

※自動車税2件
［757・租税公課］

領収書22

領　収　証

㈱ティダパーツ　様　　　XX 年　5 月　30 日

¥4,400-

但　5月分書籍購読料

上記正に領収いたしました

内　訳	
税抜金額	¥4,000
消費税額(10%)	¥400

文　興　堂　書　店
○○県○○市○○町　X-X
TEL.XX-XXXX-XXXX　FAX.XX-XXXX-XXXX
登録番号：T0000000000

※書籍購読料
［748･新聞図書費］

領収書23

領収証書
毎度ありがとうございます

㈱ティダパーツ　様

○○○○郵便局
〒000-0000　TEL XX-XXXX-XXXX
登録番号：T0000000000
×年　5月 31日　00:00

[XXXXX]
XXXXX

@XX	XXX	¥320
小　計		¥320
課税計（10%）		¥320
（内消費税等		¥29）
合計		¥320
お預り金額		¥320

※郵送料
［741･通信費］

領収書24

領　収　証

○○駐車場
登録番号：T0000000000

入庫日時　××-5-31	XX:XX
出庫日時　××-5-31	XX:XX
駐車時間	X時間　XX分
駐車料金	300円
（内、消費税額10%	27円）
前払	0円
現金	300円
釣銭	0円

※駐車料
［740･旅費交通費］

2-13 普通預金(5月分)

問題17 テキスト 30～31, 58～60, 133ページ

普通預金通帳と関連資料から仕訳入力をしなさい。ただし、※7および※11は入力対象から除く。

門前町銀行

普通預金

年月日	お取引内容		お支払金額	お預り金額	差引残高
	繰越金額				2,333,658
×-5-05	電話代	※1	14,952		2,318,706
×-5-06	ガス代	※1	4,685		2,314,021
×-5-08	FB手数料	※2	2,160		2,311,861
×-5-10	携帯電話料	※1	34,164		2,277,697
×-5-10	クレジットカード	※3	149,363		2,128,334
×-5-21	動力代	※4	25,496		2,102,838
×-5-21	電気代	※5	7,426		2,095,412
×-5-22	インターネット接続	※1	4,800		2,090,612
×-5-22	PL保険	※6	7,200		2,083,412
×-5-27	給料振込	※7	1,366,688		716,724
×-5-27	自動車保険	※1	18,600		698,124
×-5-28	電気代	※1	21,540		676,584
×-5-29	カード	※8	100,000		576,584
×-5-30	駐車場	※9	40,000		536,584
×-5-31	社会保険料	※10	519,570		17,014
×-5-31	振替	※11		1,000,000	1,017,014

※1　販売費及び一般管理費
※2　ファームバンキング利用料……通信費
※3　未払金計上分
※4　製造原価……電力料等
※5　製造原価……水道光熱費
※6　製造原価……保険料
※7　給料振込……後述
※8　現金引き出し
※9　地代家賃
※10　4月分社会保険料の引落し……事業主負担分/未払金計上済み、従業員負担分/預り金計上済み
※11　当座預金からの振替……後述

2-14 当座預金（5月分）

問題18 テキスト 61～63, 130～133ページ

小切手帳控と当座照合表および関連資料から仕訳入力をしなさい。

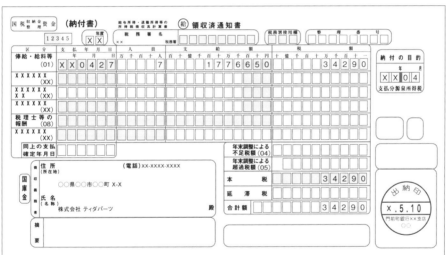

小切手帳控①

No. 07032
X年 5月 10日
金額 百万 千 円 ￥130,090
渡先
摘要
源泉所得税 34,290円
住民税 95,800円
残高 百万 千 円 ￥1,536,524
門前町銀行○○支店

領収証書

納入金額	
給与分	53,500円
合計金額	53,500円

△△市 住民税
(株)ティダパーツ
領収日付印
出納印 X.5.10 門前町銀行××支店 ○○

領収証書

納入金額	
給与分	42,300円
合計金額	42,300円

○○市 住民税
(株)ティダパーツ
領収日付印
出納印 X.5.10 門前町銀行××支店 ○○

国税 収納金整理資金 （納付書） 給与所得・退職所得等の所得税徴収高計算書 ㊋ 領収済通知書

12345 年度 XX 税務署名 ×× 税務署 税務署使用欄 整理番号

区分	支払年月日	人員	支給額	税額
俸給・給料等 (01)	XX0427	7	1776650	34290
XXXXXX (XX)				
XXXXXX XX (XX)				
XXXXXX (XX)				
税理士等の報酬 (08)				
XXXXXX (XX)				
同上の支払確定年月日				

	税額
年末調整による不足税額(04)	
年末調整による超過税額(05)	
本税	34290
延滞税	
合計額	34290

納付の目的 年 月 XX04 支払分源泉所得税

国庫金 徴収義務者
住所（所在地） （電話）XX-XXXX-XXXX
○○県○○市○○町 X-X
氏名（名称） 株式会社 ティダパーツ 殿
摘要

出納印 X.5.10 門前町銀行××支店 ○○

小切手帳控②

No. 07033
X年 5月 10日
金額 百万 千 円 ￥384,510
渡先 パオロ工業㈱
摘要
パオロ工業㈱
3月分
残高 百万 千 円 ￥1,152,014
門前町銀行○○支店

領収証 No. 003856

㈱ティダパーツ 様

金額 ★ ￥384,510

但 3月分代金として

X年 5月 10日 上記正に領収いたしました

内訳	
現金	
小切手	￥384,510
手形	／
その他	／
合計	￥384,510

パオロ工業㈱
○○県○○市○○町 X-X
TEL. XX-XXXX-XXXX FAX. XX-XXXX-XXXX
登録番号：T0000000000

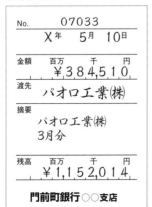

小切手帳控③

No.	07034
	X年 5月 10日
金額	百万 千 円 ¥157,905
渡先	
摘要	労働保険 第1期
残高	百万 千 円 ¥2,874,439
	門前町銀行○○支店

労働保険 概算・増加概算・確定保険料申告書

X/5/10

① 労働保険番号 XXXXXXXXXX
④ 常時使用労働者数 7名
⑤ 雇用保険被保険者数 6名

確定保険料算定内訳	区分		算定期間 ×0/4/1 ~ ×1/3/31					
			⑧	保険料算定基礎額	⑨	保険料率	⑩	確定保険料額(⑧×⑨)
	労働保険料		(イ)		(イ)	1000分の	(イ)	443,539
	労災保険料		(ロ)	18,874	(ロ)	10	(ロ)	188,740
	雇用保険分	雇用保険適用者分	(ハ)	18,874				
		高年齢労働者分	(ニ)	0	(ニ)	0	(ニ)	0
		保険料算定対象者分	(ホ)	18,874	(ホ)	13.5	(ホ)	254,799

概算・増加概算保険料算定内訳	区分		算定期間 ×1/4/1 ~ ×2/3/31					
			⑫	保険料算定基礎額	⑬	保険料率	⑭	確定保険料額(⑫×⑬)
	労働保険料		(イ)			1000分の		443,539
	労災保険料		(ロ)	18,874		10		188,740
	雇用保険分	雇用保険適用者分	(ハ)	18,874				
		高年齢労働者分	(ニ)	0				
		保険料算定対象者分	(ホ)	18,874		13.5		254,799

⑱申告済概算保険料額		433,481				
⑳差引額	(イ)充当額		(ロ)還付額	0	(ハ)不足額	10,058

㉒期別納		(イ)概算保険料額	(ロ)充当額	(ハ)不足額	(ニ)今期納付額
	全期/第1期	147,847	0	10,058	157,905
	第2期	147,846			147,846
	第3期	147,846			147,846

㉕ 事業又は作業の種類:
㉖ 加入している保険 労災保険・雇用保険
㉗ 特掲事業:該当しない
㉘ 所在地: X-X-X
名称:株式会社 ティダパーツ
㉙ 氏名:代表取締役 黒房要蔵

今年度の労働保険料の計算

労災保険料の計算：全額会社負担

	賃金総額(千円)	料率	会社負担(円)
営　業	12,444	10	124,440
製　造	6,430	10	64,300
合　計	18,874		188,740

雇用保険料の計算：負担率に応じて、会社・従業員にて負担

	賃金総額(千円)	会社負担		従業員負担	
		料率	保険料(円)	料率	保険料(円)
営業	12,444	8.5	105,774	5	62,220
製造	6,430	8.5	54,655	5	32,150
合計	18,874		160,429		94,370

仕　訳

(借方)	(金額)	(貸方)	(金額)	(摘要)
法定福利費	124,440			労災保険料　概算申告額
(製造)法定福利費	64,300			労災保険料　概算申告額
法定福利費	105,774			雇用保険料　概算申告　会社負担額
(製造)法定福利費	54,655			雇用保険料　概算申告　会社負担額
立替金	94,370			雇用保険料　概算申告　従業員負担額
未払金/労働保険料	10,058			労働保険料　前年度概算差額
		当座預金/門前町銀行	157,905	労働保険料　第1期　納付
		未払金/労働保険料	147,846	労働保険料　第2期　計上
		未払金/労働保険料	147,846	労働保険料　第3期　計上
合　計	453,597	合　計	453,597	

小切手帳控④

No. 07035

X年 5月 30日

金額 百万 千 円
¥1,272,000

渡先

摘要
確定申告・
法人税等納付

残高 百万 千 円
¥2,022,679

門前町銀行○○支店

法人税納付書

国税収納金整理資金（納付書） 領収済通知書

年度 XX　税目番号 030　税務署名 △△ 税務署　税務署番号 XXXXXXXX

国庫金

本税	242000
重加算税	
加算税	
利子税	
延滞税	
合計額	242000

住所（所在地） （電話番号　－　－　）
××県××市××町 ××-××

氏名（法人名） 株式会社 ティダパーツ 様(御中)

（領収日付印）
出納印
X.5.30
門前町銀行××支店
○○

法人消費税納付書

国税収納金整理資金（納付書） 領収済通知書

年度 XX　税目番号 240　税務署名 △△ 税務署　税務署番号 XXXXXXXX

国庫金

本税	863200
重加算税	
加算税	
利子税	
延滞税	
合計額	863200

住所（所在地） （電話番号　－　－　）
××県××市××町 ××-××

氏名（法人名） 株式会社 ティダパーツ 様(御中)

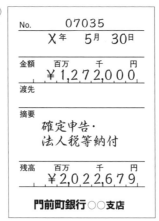

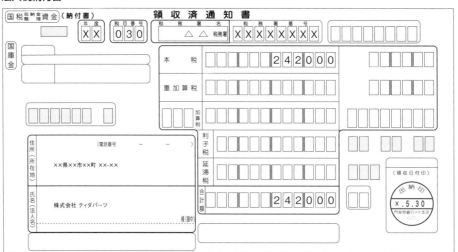

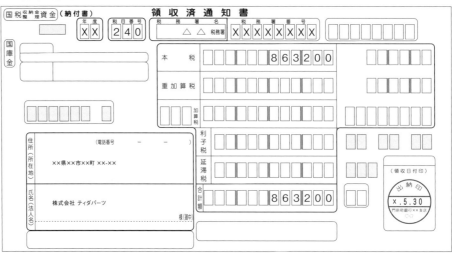

（領収日付印）
出納印
X.5.30
門前町銀行××支店
○○

法人県民税事業税納付書

県税	法人 県民税 事業税 納付書	
口座番号	加入者	
xxxxxx-xxxxxx	県指定金融機関 門前町銀行××支店	
所在地 〒×××−×××× ××県××市××町××-×× 法人名 株式会社 ティダパーツ		
年度	事業年度	申告区分
××	×.4.1 ～ ×.3.31	確定
納期限	課税番号	
×. 5.31	×××××××	
指定納期限		
県民税 法人	法人税割額	12,100円
	均等割額	20,000円
	延滞金	円
法人事業税	所得割額	55,000円
	付加価値割額	円
	資本割額	円
	収入割額	円
	延滞金	円
	過少申告加算金	円
	不申告加算金	円
	重加算金	円
合計額		87,100円
○○県 扱 上記のとおり納付します。（納税者保管）	領収日付印	出納印 ×.5.30 門前町銀行××支店 ○○

法人市民税納付書

市町村コード	×××××	○○県××市	法人市民税納付書
口座番号	加入者		
xxxxxx-xxxxxx	××市会計管理者		
所在地 〒×××−×××× ××県××市××町××-×× 法人名 株式会社 ティダパーツ			
年度	※処理事項	事業者コード	
××			
事業年度	申告区分		
	確定		

		百	十	億	千	百	十	万	千	百	十	円
法人税割額	01							2	9	7	0	0
均等割額	02							5	0	0	0	0
延滞金	03											
	04											
	05											
	06											
合計額	07							7	9	7	0	0

納期限 ×年5月31日	領収日付印	出納印 ×.5.30 門前町銀行××支店 ○○
○○県××市 扱 上記のとおり納付します。（納税者保管）		

小切手帳控⑤

No. 07036
X年 5月 30日
金額 百万 千 円
¥420,660
渡先 鈴木不動産
摘要
鈴木不動産
6月分家賃振込
残高 百万 千 円
¥1,602,019
門前町銀行○○支店

振込依頼書（控）

お振込方法：本支店宛 ／ 他行宛 電信扱
お手続日：X年 5月 30日

お振込先
フリガナ 〇〇〇〇〇〇〇〇〇　　フリガナ 〇〇〇〇〇
〇〇〇〇 銀行　　〇〇 支店
預金種目 1　（1.普通 4.貯蓄 2.当座 9.その他（　））
口座番号 XXXXXXX（右づめでご記入下さい）

お受取人
フリガナ スズキフドウサン
鈴木不動産 様
金額 百億 拾億 億 千万 百万 拾万 万 千 百 拾 円
¥420660

ご依頼人
おなまえ フリガナ カブシキガイシャティダパーツ
株式会社ティダパーツ 様
おところ 〇〇県〇〇市〇〇町 X-X
ご連絡先お電話（ XX - XXXX - XXXX ）

振込料 0円

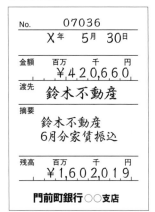

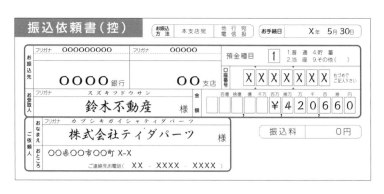

※賃料の内訳は次のとおり。
本社家賃 148,500円
工場家賃 272,160円

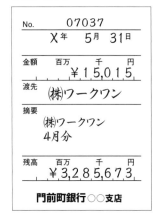

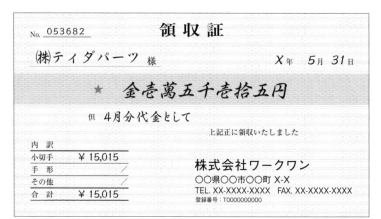

小切手帳控⑥

No. 07037
X年 5月 31日
金額 百万 千 円
¥15,015
渡先 ㈱ワークワン
摘要
㈱ワークワン
4月分
残高 百万 千 円
¥3,285,673
門前町銀行○○支店

No. 053682

領収証

㈱ティダパーツ 様　　X年 5月 31日

★ 金壱萬五千壱拾五円

但 4月分代金として

上記正に領収いたしました

内 訳	
小切手	¥ 15,015
手 形	／
その他	／
合 計	¥ 15,015

株式会社ワークワン
〇〇県〇〇市〇〇町 X-X
TEL. XX-XXXX-XXXX　FAX. XX-XXXX-XXXX
登録番号：T0000000000

小切手帳控⑦

No. 07038
X年 5月 31日
金額 百万 千 円
¥28,980
渡先 長野梱包運輸㈱
摘要
長野梱包運輸㈱
4月分
残高 百万 千 円
¥3,241,678
門前町銀行○○支店

No. 003483

領収証

㈱ティダパーツ 様　　X年 5月 31日

金28,980円

但 4月分

上記正に領収いたしました

内 訳	
小切手	28,980円
その他	／
合 計	28,980円

〇〇県〇〇市〇〇町 X-X
TEL. XX-XXXX-XXXX　FAX. XX-XXXX-XXXX
長野梱包運輸株式会社
登録番号：T0000000000

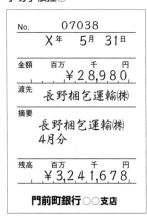

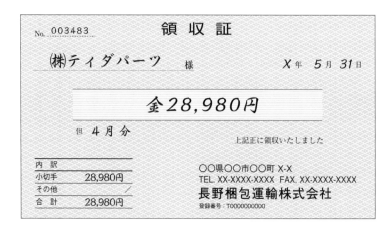

小切手帳控⑧

No. 07039

X年 5月 31日

金額 百万 千 円

¥1,000,000

渡先

摘要

普通預金口座へ
振替

残高 百万 千 円

¥2,241,678

門前町銀行○○支店

当座照合表

当座照合表

口座番号XXXXX　　自×年5月1日　至×年5月31日

日付	備考	預入金額	支払金額	残高	
	繰越			1,161,076	
5月1日	07028		39,270	1,121,806	
5月5日	手形取立	575,468		1,697,274	※1
5月10日	07032		130,090	1,567,184	
5月10日	07034		157,905	1,409,279	
5月12日	07033		384,510	1,024,769	
5月12日	07029		30,660	994,109	
5月15日	積立		50,000	944,109	※2
5月20日	㈱レンブラント	1,930,330		2,874,439	※3
5月22日	積金満期	600,240		3,474,679	※4
5月25日	借入返済		180,000	3,294,679	※5
5月30日	07035		1,272,000	2,022,679	
5月30日	07036		420,660	1,602,019	
5月31日	他店小切手	1,683,654		3,285,673	※6
5月31日	07039		1,000,000	2,285,673	

門前町銀行

※1　2月25日受領、得意先・㈱ミレー発行の約束手形、期日到来取立入金額

※2　定期積金の振替額

※3　得意先・㈱レンブラント　3月分売上請求　1,930,330円の振込入金。

※4　定期積金の満期振替額

定期積金利息計算書・精算書

×年5月15日

満期決済日	×/5/15		
定期積金	600,000円	所得税	60円
満期加算額	300円		
当座預金振替	600,240円	振替日	×/5/22

※加算額は雑収入(820)、所得税は租税公課(757)で処理

※5　証書借入に対する毎月の返済。元利均等返済。当月15,413円の利息を含む。

※6　他店振出小切手の預け入れ

当座入金帳

×年 5月31日

¥1,683,654

内訳
小切手 1 枚
手形
その他

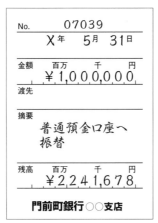

㈱ティダパーツ

2-15 売掛金（5月分）

問題19　テキスト 32～33, 64～66, 138～141ページ

売掛金の回収について領収書控から仕訳入力をしなさい。

領収証（控）　㈱ミレー　様　No. 020978

金額	¥1,925,910

内訳	
現金	
小切手	
手形	¥1,925,910／3枚
その他	／
合計	¥1,925,910

但　4月分として

X年　5月　25日　上記正に領収いたしました

株式会社ティダパーツ
〇〇県〇〇市〇〇町 X-X
TEL. XX-XXXX-XXXX　FAX. XX-XXXX-XXXX
登録番号：T0000000000

No. 02865　約束手形　OG611226

収入印紙

(株)ティダパーツ　殿

金額　¥957,285※

支払期日	X年 8月 5日
支払地	●●県〇〇市
支払場所	株式会社〇〇銀行 門前町支店

●● 3566 5718-319

上記金額をあなたまたはあなたの指図人へこの約束手形と引換えにお支払いたします

X年 5月25日　振出地 住所　東京都中央区銀座△丁目△番△号
振出人　株式会社 ミレー
代表取締役　小野　栄太郎

No. 02866　約束手形　OG611227

収入印紙

(株)ティダパーツ　殿

金額　¥319,095※

支払期日	X年 8月 5日
支払地	●●県〇〇市
支払場所	株式会社〇〇銀行 門前町支店

●● 3566 5718-319

上記金額をあなたまたはあなたの指図人へこの約束手形と引換えにお支払いたします

X年 5月25日　振出地 住所　東京都中央区銀座△丁目△番△号
振出人　株式会社 ミレー
代表取締役　小野　栄太郎

No. 02867　約束手形　OG611228

収入印紙

(株)ティダパーツ　殿

金額　¥649,530※

支払期日	X年 8月 5日
支払地	●●県〇〇市
支払場所	株式会社〇〇銀行 門前町支店

●● 3566 5718-319

上記金額をあなたまたはあなたの指図人へこの約束手形と引換えにお支払いたします

X年 5月25日　振出地 住所　東京都中央区銀座△丁目△番△号
振出人　株式会社 ミレー
代表取締役　小野　栄太郎

領収証（控）　㈱クールベ　様　No. 020979

金額	¥1,683,654

内訳	
現金	
小切手	¥1,683,654
手形	／
その他	／
合計	¥1,683,654

但　4月分として

X年　5月　31日　上記正に領収いたしました

株式会社ティダパーツ
〇〇県〇〇市〇〇町 X-X
TEL. XX-XXXX-XXXX　FAX. XX-XXXX-XXXX
登録番号：T0000000000

問題20　テキスト 64～65, 138～141ページ

請求書（控）から当月分売上に関する仕訳入力をしなさい。

㈱ミレー：末締め　翌25日　全額手形（サイト70日）

㈱ミレー　様

請求明細書（控）　×年5月31日締め分

㈱ティダパーツ
xx県xx市xx町x-x-xx
登録番号：T0000000000

前月繰越	入金額	当月税抜売上額	消費税額	当月税込売上高	当月残高
1,925,910円	1,925,910円	1,558,582円	155,858円	1,714,440円	1,714,440円

日付	伝票番号	品名	数量	単位	単価	金額	備　考
X/X	XXX	XXX XXX XXX XXX XXX	XXX	X	XXXXXX	XXXXXX	
X/X	XXX	XXX XXX XXX XXX XXX	XXX	X	XXXXXX	XXXXXX	
X/X	XXX	XXX XXX XXX XXX XXX	XXX	X	XXXXXX	XXXXXX	
X/X	XXX	XXX XXX XXX XXX XXX	XXX	X	XXXXXX	XXXXXX	
X/X	XXX	XXX XXX XXX XXX XXX	XXX	X	XXXXXX	XXXXXX	
X/X	XXX	XXX XXX XXX XXX XXX	XXX	X	XXXXXX	XXXXXX	

㈱レンブラント：末締め　翌々20日　全額振込

㈱レンブラント　様

請求明細書（控）　×年5月31日締め分

㈱ティダパーツ
xx県xx市xx町x-x-xx
登録番号：T0000000000

前月繰越	入金額	当月税抜売上額	消費税額	当月税込売上高	当月残高
4,226,176円	1,930,330円	1,945,812円	194,581円	2,140,393円	4,436,239円

日付	伝票番号	品名	数量	単位	単価	金額	備　考
X/X	XXX	XXX XXX XXX XXX XXX	XXX	X	XXXXXX	XXXXXX	
X/X	XXX	XXX XXX XXX XXX XXX	XXX	X	XXXXXX	XXXXXX	
X/X	XXX	XXX XXX XXX XXX XXX	XXX	X	XXXXXX	XXXXXX	
X/X	XXX	XXX XXX XXX XXX XXX	XXX	X	XXXXXX	XXXXXX	
X/X	XXX	XXX XXX XXX XXX XXX	XXX	X	XXXXXX	XXXXXX	
X/X	XXX	XXX XXX XXX XXX XXX	XXX	X	XXXXXX	XXXXXX	

㈱クールベ：末締め　翌末　全額小切手

㈱クールベ　様

請求明細書（控）　×年5月31日締め分

㈱ティダパーツ
xx県xx市xx町x-x-xx
登録番号：T0000000000

前月繰越	入金額	当月税抜売上額	消費税額	当月税込売上高	当月残高
1,683,654円	1,683,654円	1,307,393円	130,739円	1,438,132円	1,438,132円

日付	伝票番号	品名	数量	単位	単価	金額	備　考
X/X	XXX	XXX XXX XXX XXX XXX	XXX	X	XXXXXX	XXXXXX	
X/X	XXX	XXX XXX XXX XXX XXX	XXX	X	XXXXXX	XXXXXX	
X/X	XXX	XXX XXX XXX XXX XXX	XXX	X	XXXXXX	XXXXXX	
X/X	XXX	XXX XXX XXX XXX XXX	XXX	X	XXXXXX	XXXXXX	
X/X	XXX	XXX XXX XXX XXX XXX	XXX	X	XXXXXX	XXXXXX	
X/X	XXX	XXX XXX XXX XXX XXX	XXX	X	XXXXXX	XXXXXX	

2-16 受取手形（5月分）

問題21　テキスト 67～69, 135～136 ページ

受取手形の裏書譲渡について領収書および補足資料から仕訳入力をしなさい。

領収証　No. 0338

㈱ティダパーツ 様

金額 ★金六拾七萬八百四拾五円

但 3月分代金として

X年 5月 10日 上記正に領収いたしました

内訳	
現金	
小切手	
手形	¥670,845／1枚
その他	／
合計	¥670,845

アミアン工業株式会社
○○県○○市○○町 X-X
TEL. XX-XXXX-XXXX　FAX. XX-XXXX-XXXX
登録番号：T0000000000

〈おもて面〉

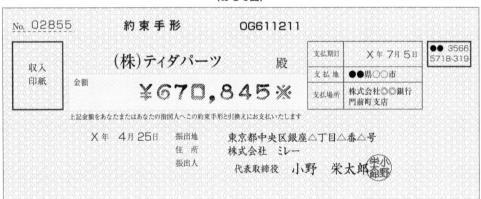

No. 02855　約束手形　OG611211

収入印紙

(株)ティダパーツ 殿

金額 ¥670,845※

支払期日	X年 7月 5日
支払地	●●県○○市
支払場所	株式会社○○銀行 門前町支店

●● 3566 5718-319

上記金額をあなたまたはあなたの指図人へこの約束手形と引換えにお支払いいたします

X年 4月 25日　振出地 住所　東京都中央区銀座△丁目△番△号
振出人　株式会社 ミレー
代表取締役 小野 栄太郎

〈うら面〉

表記金額を下記被裏書人またはその指図人へお支払いください。 拒絶証書不要
×年 5月 10日
住所 ××県 ××市 ××町× 丁目×番×号
株式会社 ティダパーツ
代表取締役 黒房 要蔵
（目的）
被裏書人 アミアン工業株式会社

表記金額を下記被裏書人またはその指図人へお支払いください。 拒絶証書不要
×年 5月 10日
住所
（目的）
被裏書人

表記金額を下記被裏書人またはその指図人へお支払いください。 拒絶証書不要
×年 5月 10日
住所
（目的）
被裏書人

表記金額を下記被裏書人またはその指図人へお支払いください。 拒絶証書不要
×年 5月 10日
住所
（目的）
被裏書人

表記金額を受け取りました。
年 月 日
住所

No. 0199

領 収 証

㈱ティダパーツ 様　　X年 5月 10日

金641,235円

但 3月分として

上記正に領収いたしました

内 訳	
小切手	
その他	／
合 計	

イサク工業（株）
〇〇県〇〇市〇〇町 X-X
TEL. XX-XXXX-XXXX FAX. XX-XXXX-XXXX
登録番号：T0000000000

〈おもて面〉

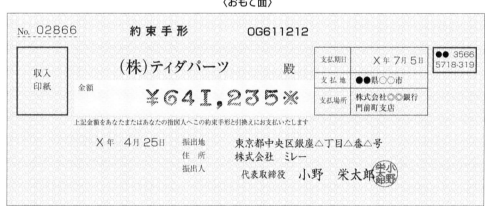

No. 02866　　約 束 手 形　　OG611212

収入印紙

(株)ティダパーツ 殿

金額 ¥641,235※

支払期日	X年 7月 5日
支払地	●●県〇〇市
支払場所	株式会社〇〇銀行 門前町支店

●● 3566
5718-319

上記金額をあなたまたはあなたの指図人へこの約束手形と引換えにお支払いたします

X年 4月 25日
振出地 住所　東京都中央区銀座△丁目△番△号
振出人　株式会社 ミレー
代表取締役 小野 栄太郎 (小野栄太郎)

〈うら面〉

表記金額を下記被裏書人または指図人へお支払ください。
× 年 5月 10日　　拒絶証書不要
住所 ××県 ××市 ××町× 丁目×番× 号
株式会社 ティダパーツ
代表取締役 要蔵 黒房 (要蔵黒房)
（目的）
被裏書人

表記金額を下記被裏書人または指図人へお支払くださいい。
× 年 5月 10日　　拒絶証書不要
住所
（目的）
被裏書人

表記金額を下記被裏書人または指図人へお支払くださいい。
× 年 5月 10日　　拒絶証書不要
住所
（目的）
被裏書人

表記金額を下記被裏書人または指図人へお支払くださいい。
× 年 5月 10日　　拒絶証書不要
住所
（目的）
被裏書人

表記金額を受け取りました。
年 月 日
住所

2-17 買掛金（5月分）

問題22 テキスト 72, 142ページ

当月の材料仕入高、外注加工費について請求書から仕訳入力をしなさい。

アミアン工業㈱：材料仕入　末締　翌々月10日支払

請求明細書

×年5月31日

㈱ティダパーツ　　　　　様

アミアン工業㈱
xx県xx市xx町x - x - x x
登録番号：T0000000000

前月繰越	入金額	当月税抜売上額	消費税額	当月税込売上高	当月残高
1,628,130円	670,845円	712,091円	71,209円	783,300円	783,300円

日付	伝票番号	品名	数量	単位	単価	金額	備　考
X／X	XXX	XXX XXX XXX XXX XXX	XXX	X	XXXXXX	XXXXXX	
X／X	XXX	XXX XXX XXX XXX XXX	XXX	X	XXXXXX	XXXXXX	
X／X	XXX	XXX XXX XXX XXX XXX	XXX	X	XXXXXX	XXXXXX	

イサク工業㈱：材料仕入　末締　翌々月10日支払

請求明細書

×年5月31日

㈱ティダパーツ　　　　　様

イサク工業㈱
xx県xx市xx町x - x - x x
登録番号：T0000000000

前月繰越	入金額	当月税抜売上額	消費税額	当月税込売上高	当月残高
1,149,330円	641,235円	311,564円	31,156円	342,720円	850,815円

日付	伝票番号	品名	数量	単位	単価	金額	備　考
X／X	XXX	XXX XXX XXX XXX XXX	XXX	X	XXXXXX	XXXXXX	
X／X	XXX	XXX XXX XXX XXX XXX	XXX	X	XXXXXX	XXXXXX	
X／X	XXX	XXX XXX XXX XXX XXX	XXX	X	XXXXXX	XXXXXX	

パオロ工業㈱：外注加工費　末締　翌々月10日支払

請求明細書

×年5月31日

㈱ティダパーツ　　　　　様

パオロ工業㈱ xx県xx市xx町x - x - x x
登録番号：T0000000000

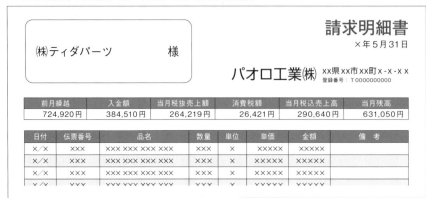

前月繰越	入金額	当月税抜売上額	消費税額	当月税込売上高	当月残高
724,920円	384,510円	264,219円	26,421円	290,640円	631,050円

日付	伝票番号	品名	数量	単位	単価	金額	備　考
X／X	XXX	XXX XXX XXX XXX	XXX	X	XXXXX	XXXXX	
X／X	XXX	XXX XXX XXX XXX	XXX	X	XXXXX	XXXXX	
X／X	XXX	XXX XXX XXX XXX	XXX	X	XXXXX	XXXXX	

2-18 未払金（5月分）

問題23 テキスト 75ページ

当月の未払金の発生額について請求書等から仕訳入力をしなさい。

㈱ワークワン：工場消耗品購入　末締　翌末日支払

請求明細書

×年5月31日
(P1/XX)

㈱ティダパーツ　様

㈱ワークワン
○○県○○市○○町x-x
登録番号：T0000000000

前月繰越	15,015円
当月入金額	15,015円
当月税抜売上額	23,196円
消費税額	2,319円
当月税込売上高	25,515円
当月残高	25,515円

長野梱包運輸㈱：運賃［販売管理費］　末締　翌末日支払

P1/XX

請求明細書

×年5月31日

㈱ティダパーツ　様

長野梱包運輸㈱
○○県○○市○○町x-x
登録番号：T0000000000

前月繰越	28,980円
当月入金額	28,980円
当月税抜売上額	31,691円
消費税額	3,169円
当月税込売上高	34,860円
当月残高	34,860円

問題24

当月のクレジットカード利用の取引について利用明細等から仕訳入力をしなさい。

クレジットカード利用明細：15日締め　翌月10日預金口座引落

クレジットカード　利用明細

×年5月15日

㈱ティダパーツ　　様

ご利用日	ご利用店名・備考	ご利用額	
4月30日	太陽石油㈱	38,641円	※1
4月30日	通行料（ETC）当月分	24,655円	※2
5月12日	ミントンカントリークラブ	24,500円	※3
	当月ご利用額	87,796円	

※1　ガソリン代　4月合計額　消耗品費。
※2　高速道路通行料（ETC利用）　4月合計額　旅費交通費。
※3　得意先接待ゴルフ代

クレジットカード　利用明細

×年6月15日

㈱ティダパーツ　　様

ご利用日	ご利用店名・備考	ご利用額	
5月19日	クラブ御苑	36,000円	※1
5月31日	太陽石油㈱	35,176円	※2
5月31日	通行料（ETC）当月分	22,665円	※3
6月　6日	坂崎ゴルフクラブ	22,000円	
	当月ご利用額	115,841円	

※1　得意先接待飲食代
※2　ガソリン代　5月合計額　消耗品費。
※3　高速道路通行料（ETC利用）　5月合計額　旅費交通費。

2
章

2-19 給料（5月分）

問題25 テキスト 78～79, 144～150ページ

当月分給料の振込支払について、資料から仕訳入力をしなさい。

給与明細一覧表【5月分】

氏名	黒房要蔵	大崎大二	佐田明人	(小計1)	木下秀治	吉田康祐	和木一郎	岡崎沙羅	(小計2)	合　計
	社長	営業1	営業2		製造1	製造2	製造3	製造4		
役員報酬	500,000			500,000					0	500,000
給料・賃金	0	350,000	230,000	580,000	250,000	210,000	120,000	101,200	681,200	1,261,200
総支給額	500,000	350,000	230,000	1,080,000	250,000	210,000	120,000	101,200	681,200	1,761,200
健康保険料	29,550	17,000	14,181	60,731	13,000	11,000	7,100	4,900	36,000	96,731
厚生年金保険料	45,115	31,110	21,960	98,185	23,790	18,300	12,993	8,967	64,050	162,235
雇用保険料	0	3,573	690	4,263	750	630	360	303	2,043	6,306
所得税	12,180	6,740	4,550	23,470	5,200	4,050	720	0	9,970	33,440
住民税	34,000	22,800	14,200	71,000	12,500	5,300	4,600	2,400	24,800	95,800
控除額計	120,845	81,223	55,581	257,649	55,240	39,280	25,773	16,570	136,863	394,512
差引支給額	379,155	268,777	174,419	822,351	194,760	170,720	94,227	84,630	544,337	1,366,688

総　額	1,366,688

※ 健康保険料は、介護保険料を含む。
※ 控除額は、預り金勘定を使用する。

給与振込明細

給与振込明細　　門前町銀行　YY支店

【依頼人】	【振込元預金口座】	【振込依頼日】	【振込予定日】	【資金合計】
㈱ティダパーツ	普通預金　2037685	X年5月24日	X年5月27日	1,366,688円

【　振　込　明　細　】

【振込先名称】	【振込先口座】	【振込金額】		
黒房要蔵	XX銀行　XX支店	379,155円		
大崎大二	XX銀行　XX支店	268,777円		
佐田明人	XX銀行　XX支店	174,419円		
木下秀治	XX銀行　XX支店	194,760円		
吉田康祐	XX銀行　XX支店	170,720円		
和木一郎	XX銀行　XX支店	94,227円		
岡崎沙羅	XX銀行　XX支店	84,630円		
合　計		1,366,688円		

問題26 テキスト 74, 147ページ

当月分の事業主負担社会保険料について、領収書および資料から仕訳入力をしなさい。

口座引落通知書兼領収書

納付目的年月	×年　5月	納付期限	×年　6月　30日
社会保険料内訳			
健康保険料	年金保険料	子ども子育て拠出金	
193,462円	324,470円	1,638円	
合　計　額		519,570円	

社会保険料に関する資料

社会保険料	健康保険料		年金保険料		子ども子育て拠出金	合　計
	193,462円		324,470円		1,638円	519,570円
【内訳】	事業主	従業員	事業主	従業員	事業主	
営業部門	60,731円	60,731円	98,185円	98,185円	983円	
製造部門	36,000円	36,000円	64,050円	64,050円	655円	
合　計	193,462円		324,470円		1,638円	

2-20 棚卸（5月分）

問題27 テキスト 80, 143, 161～165ページ

当月分の棚卸について、資料から仕訳入力をしなさい。

棚卸合計表

×年5月31日

原材料	382,725円
製　品	876,603円

2-21 減価償却費（5月分）

問題28 テキスト 80ページ

当月分の減価償却費について、資料から仕訳入力をしなさい。

減価償却費一覧　＝第5期＝

自×年4月1日　至×年3月31日

勘定科目	取得価額	当期償却額	一般経費	製造経費
建物付属設備	3,880,000円	230,472円		230,472円
機械及び装置	3,570,000円	266,679円		266,679円
車両運搬具	2,734,200円	137,803円	137,803円	
工具器具備品	468,000円	23,400円		23,400円
合計	10,652,200円	658,354円	137,803円	520,551円

減価償却費一覧　＝5月度＝

勘定科目	取得価額	当月償却額	一般経費	製造経費
建物付属設備	3,880,000円	19,206円		19,206円
機械及び装置	3,570,000円	22,223円		22,223円
車両運搬具	2,734,200円	11,483円	11,483円	
工具器具備品	468,000円	1,950円		1,950円
合計	10,652,200円	54,862円	11,483円	43,379円

2-22 集計表の確認（5月分）

問題29 テキスト 133ページ

A.5月度銀行勘定調整表を作成しなさい。

当座預金残高		
加算調整事項		
①		
②		
③		
④		
減算調整事項		
①		
②		
③		
④		
調整後残高（銀行残高証明書金額）		2,285,673

B.各勘定の5月末残高を記入しなさい。

勘　定　名	残　高
現金	
売掛金－㈱レンブラント	
原材料及び貯蔵品	
買掛金－イサク工業㈱	
未払金－㈱長野梱包運輸	
未払金－社会保険料	
未払消費税	
預り金－源泉所得税	
[製造]賃金	
[製造]法定福利費	
[製造]保険料	
交際費	
地代家賃	
支払利息	
当期純利益	

2-23 総合問題1

問題30

次の会社情報から法人の会計データを新規に作成し、4月の取引を入力後、設問に解答しなさい。
（作成済の会計データを使用する場合は、「株式会社ハイタイム4月(第2章-総合問題1)」を開きます）

会社名	株式会社 ハイタイム	会社コード	302
会計期間	4月1日～翌3月31日	決算期	第4期
科目体系	製造原価項目あり	消費税関連	原則課税・税込経理

開始残高および補助科目:

勘定科目名	補助科目名	貸借	開始残高	
現金		借方	438,954 円	資産合計 123,930,074円
当座預金	城下町銀行	借方	4,125,767 円	
普通預金	城下町銀行	借方	5,320,433 円	
定期預金		借方	15,000,000 円	
定期積金		借方	3,300,000 円	
受取手形		借方	1,680,000 円	
売掛金	㈱ジュール	借方	1,470,000 円	
	㈱ブルトン	借方	6,300,000 円	
	㈱ルーベンス	借方	21,630,000 円	
商品及び製品		借方	8,662,500 円	
原材料及び貯蔵品		借方	1,934,100 円	
機械及び装置		借方	61,400,000 円	
車両運搬具		借方	4,256,000 円	
工具、器具及び備品		借方	1,890,000 円	
減価償却累計額		貸方	22,477,680 円	
敷金差入保証金		借方	9,000,000 円	
買掛金	ケルン工業㈱	貸方	3,748,500 円	負債純資産合計 123,930,074円
	シャルトル工業㈱	貸方	2,289,000 円	
	カンタベリー工業㈱	貸方	2,614,500 円	
短期借入金		貸方	9,978,773 円	
未払金	㈱オフィスサプライ	貸方	145,530 円	
	㈱大黒運輸	貸方	674,940 円	
	社会保険料	貸方	777,409 円	
	労働保険料	貸方	24,390 円	
	クレジットカード	貸方	346,420 円	
未払法人税等		貸方	1,780,600 円	
未払消費税		貸方	2,485,000 円	
預り金	社会保険料	貸方	769,285 円	
	源泉所得税	貸方	199,380 円	
	住民税	貸方	273,900 円	
長期借入金		貸方	36,992,175 円	
資本金		貸方	50,000,000 円	
繰越利益剰余金		貸方	10,830,272 円	

＜資料＞

1. 当座照合表

当座照合表

口座番号XXXXX　　　　自×年4月1日　至×年4月30日

日付	備考	預入金額	引出金額	残高
4月1日	繰越			4,973,537
4月1日	№103726		90720	4,882,817
4月3日	№103727		757,050	4,125,767
4月10日	№103728		473,280	3,652,487
4月11日	№103729		861,000	2,791,487
4月13日	№103730		924,000	1,867,487
4月13日	№103731		1,081,500	785,987
4月15日	積金振替		300,000	485,987
4月20日	ｶ)ﾌﾞﾙﾄﾝ　※1	2,940,000		3,425,987
4月20日	ｶ)ﾙｰﾍﾞﾝｽ　※1	10,185,000		13,610,987
4月25日	借入返済　※2		920,000	12,690,987
4月30日	№103735		7,000,000	5,690,987
4月30日	№103734		1,296,000	4,394,987

城下町銀行

※1：売掛金の振込入金

※2：資料10参照

2. 小切手帳控

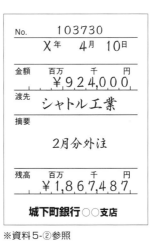

No. 103728
X年　4月　10日
金額　¥473,280
渡先
摘要　所得税(199,380円)、住民税(273,900円)納付
残高　¥3,652,487
城下町銀行○○支店

※資料5-②参照

No. 103729
X年　4月　10日
金額　¥861,000
渡先　ケルン工業
摘要　2月分仕入(手形裏書分 840,000円)
残高　¥2,791,487
城下町銀行○○支店

※資料5-②参照

No. 103730
X年　4月　10日
金額　¥924,000
渡先　シャトル工業
摘要　2月分外注
残高　¥1,867,487
城下町銀行○○支店

※資料5-②参照

No. 103731
X年　4月　10日
金額　¥1,081,500
渡先　カンタベリー工業
摘要　2月分外注
残高　¥785,987
城下町銀行○○支店

※資料5-②参照

No. 103732
X年　4月　30日
金額　¥145,530
渡先　㈱オフィスサプライ
摘要　3月分文具代
残高　¥12,544,161
城下町銀行○○支店

※資料5-②参照

No. 103733
X年　4月　30日
金額　¥674,940
渡先　㈱大黒運輸
摘要　3月分運送代
残高　¥11,869,221
城下町銀行○○支店

※資料5-②参照

No. 103734
X年 4月 30日
金額 百万 千 円
¥1,296,000
渡先
森田興産
摘要
5月分家賃振込
残高 百万 千 円
¥10,574,517
城下町銀行○○支店

No. 103735
X年 4月 30日
金額 百万 千 円
¥7,000,000
渡先
摘要
普通預金へ
残高 百万 千 円
¥3,574,517
城下町銀行○○支店

※資料４参照

3. 普通預金通帳

城下町銀行

普通預金

年 月 日	お取引内容		お支払金額	お預り金額	差引残高
	繰越金額				5,320,433
×-4-03	ガス代	※1	7,982		5,312,451
×-4-05	電話代	※1	46,315		5,266,136
×-4-08	FB手数料	※1	2,200		5,263,936
×-4-10	携帯電話料	※1	79,642		5,184,294
×-4-10	クレジットカード	※2	168,966		5,015,328
×-4-20	洋光収納代行	※3	57,600		4,957,728
×-4-21	動力代	※4	92,791		4,864,937
×-4-21	電気代	※4	13,843		4,851,094
×-4-22	PL保険	※4	24,300		4,826,794
×-4-25	カード	※5	100,000		4,726,794
×-4-27	自動車保険	※1	28,000		4,698,794
×-4-28	電気代	※1	55,850		4,642,944
×-4-28	水道代	※1	17,354		4,625,590
×-4-28	振込 吉沢エステート㈱	※6	75,600		4,549,990
×-4-30	振替	※7		7,000,000	11,549,990
×-4-30	給料	※8	4,510,845		7,039,145
×-4-30	社会保険料	※9	1,546,694		5,492,451

※1　販売費及び一般管理費
※2　未払金勘定を使用
※3　コピー機のリース料口座引落分：販売費及び一般管理費
※4　製造経費
※5　現金引き出し
※6　月極駐車場代５月分の振込　資料４参照
※7　当座預金からの振替
※8　４月分の給料総合振込　資料４参照
※9　３月分の社会保険料口座引落
従業員預かり　769,285円、 会社負担額　777,409円

4.振替依頼票控・総合振込控

振込依頼書(控)

お振込方法：本支店宛 ／ 他行宛 電信扱　　お手続日：X年 4月 28日

お振込先：フリガナ ジョウカマチ　城下町 銀行 ／ フリガナ OOOOO　OO 支店

預金種目：1（1.普通 4.貯蓄 2.当座 9.その他（ ））

口座番号：XXXXXXX（右づめでご記入下さい）

お受取人：フリガナ ヨシザワエステートカブシキガイシャ　吉沢エステート㈱ 様

金額：¥75,600

ご依頼人：おなまえ フリガナ カブシキガイシャハイタイム　株式会社ハイタイム 様

おところ：OO県OO市OO町 X-X　ご連絡先お電話（ XX - XXXX - XXXX ）

振込料：0円

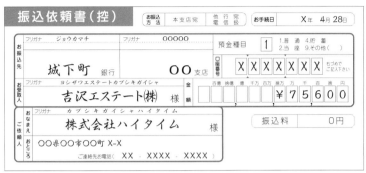

（摘要）5月分月極駐車場代 振込［販売管理費］

振込依頼書(控)

お振込方法：本支店宛 ／ 他行宛 電信扱　　お手続日：X年 4月 30日

お振込先：フリガナ OOOOO　◇◇ 銀行 ／ フリガナ OOOOO　◆◆ 支店

預金種目：1（1.普通 4.貯蓄 2.当座 9.その他（ ））

口座番号：XXXXXXX（右づめでご記入下さい）

お受取人：フリガナ モリタコウサン　森田興産 様

金額：¥1,296,000

ご依頼人：おなまえ フリガナ カブシキガイシャハイタイム　株式会社ハイタイム 様

おところ：OO県OO市OO町 X-X　ご連絡先お電話（ XX - XXXX - XXXX ）

振込料：0円

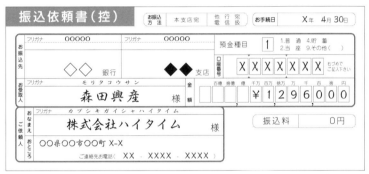

（摘要）5月分家賃 振込［販売管理費 540,000円、製造経費 756,000円］

総合振込依頼書

依頼人：㈱ハイタイム　連絡先 00-0000-0000

振込指定日：×年4月30日

城下町銀行　御中

銀行	支店	種	口座番号	お受取人	金額	手数料
■■銀行	■■支店	普	xxxxxxx	XX XX	616,382	0
□□銀行	□□支店	普	xxxxxxx	XX XX	528,978	0
▲▲銀行	▲▲支店	普	xxxxxxx	XX XX	459,130	0
○○銀行	○○支店	普	xxxxxxx	XX XX	309,034	0
				小計	X,XXX,XXX	0
				合計	4,510,845	0

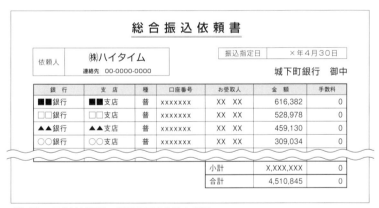

（備考）4月分給料振込　詳細は下記集計表参照。

4月分　給料集計表

項目	給料	賃金（製造）	合　計
報酬・給料・賃金	3,308,000	2,276,200	5,584,200
通勤費	69,400	120,400	189,800
支給総額	3,377,400	2,396,600	5,774,000
社会保険料	443,932	325,353	769,285
雇用保険料	6,090	11,380	17,470
所得税	152,000	50,500	202,500
住民税	171,200	102,700	273,900
控除額計	773,222	489,933	1,263,155
差引支給額	2,604,178	1,906,667	4,510,845
総　計			4,510,845

給料 3,308,000円には、役員報酬 2,090,000円が含まれている。社会保険料は、翌月納付であり、月末に会社負担額を未払金で計上する。なお、社会保険料の会社負担額には、上記従業員負担の同額に加え、子ども子育て拠出金が販売販理費分4,635円、製造経費分3,489円がある。

2
章

5. 領収証

＜留意事項＞ 受取手形のてん末に関する情報が不足しています。推定の上、適切に処理しましょう。
なお、4月中に約束手形の振り出しはない。

①現金払い

領　収　証

日付 'X年04月02日 00:00
車番 0000000 000
基本運賃 2,460円
合計 2,460円
（内、消費税額10% 223円）
上記金額領収致しました。
（消費税を含みます）

○○交通株式会社
○○県○○市○○町X-X
☎XX-XXXX-XXXX
登録番号：T0000000000

※タクシー代
［販売管理費］

領収証書
毎度ありがとうございます
㈱ハイタイム　様

○○○○郵便局
〒000-0000　TEL XX-XXXX-XXXX
登録番号：T0000000000
×年　4月 2日　00:00

［XXXXX］
XXXXX
@XX　XXX　¥270

小　計	¥270
課税計（10%）	¥270
（内消費税等	¥24）
合計	¥270
お預り金額	¥270

※郵送料
［販売管理費］

領　収　証

㈱ハイタイム　様　　X年　4月　3日

★　¥3,780

但　お茶代として
上記正に領収いたしました

内　訳	
税抜金額	¥3,500
消費税額等（8%）	¥280

※軽減税率適用

遠藤茶舗
○○県○○市○○町 X-X
TEL XX-XXXX-XXXX　FAX XX-XXXX-XXXX
登録番号：T0000000000

※お茶代
［製造経費］

領　収　証

○○駐車場
登録番号：T0000000000

入庫日時　××-4-3　××：××
出庫日時　××-4-3　××：××

駐車時間　×時間　××分
駐車料金　900円
（内、消費税額10％　81円）
前払　0円
現金　900円
釣銭　0円

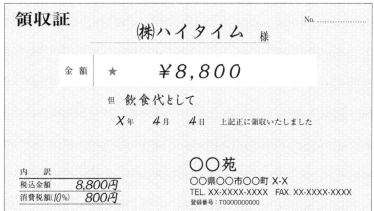

※駐車料
［販売管理費］

領収証　No. ………………

㈱ハイタイム　様

金額　★　¥8,800

但　飲食代として

X年　4月　4日　上記正に領収いたしました

内訳
税込金額　8,800円
消費税額(10%)　800円

○○苑
○○県○○市○○町 X-X
TEL. XX-XXXX-XXXX　FAX. XX-XXXX-XXXX
登録番号：T0000000000

※接待 飲食代
［販売管理費］

領　収　証

㈱ハイタイム　様　　X年　4月　6日

★　¥1,580

但　お茶菓子代として
上記正に領収いたしました

内訳
税込金額　¥1,580
消費税額等(8%)　¥117
※軽減税率適用

○○県○○市○○町 X-X
TEL. XX-XXXX-XXXX　FAX. XX-XXXX-XXXX
和菓子○○庵
登録番号：T0000000000

※福利厚生 お茶菓子代
［販売管理費］

領収証書
毎度ありがとうございます

㈱ハイタイム　様

〇〇薬局
〒000-0000　TEL XX-XXXX-XXXX
登録番号：T0000000000
×年　4月 6日　00:00

［XXXXX］
XXXXX
@XX　XXX　¥4,410

小　計	¥4,410
課税計（10%）	¥4,410
（内消費税等	¥400）
合計	¥4,410
お預り金額	¥4,410

※薬代
［製造経費］

領収証書
毎度ありがとうございます

㈱ハイタイム　様

〇〇薬局
〒000-0000　TEL XX-XXXX-XXXX
登録番号：T0000000000
×年　4月 7日　00:00

［XXXXX］
XXXXX
@XX　XXX　¥862

小　計	¥862
課税計（10%）	¥862
（内消費税等	¥78）
合計	¥862
お預り金額	¥862

※薬代
［販売管理費］

領　収　証

㈱ハイタイム　様　　X 年　4 月　10 日

★ ¥2,440

但　お茶代として
上記正に領収いたしました

内　訳	
税抜金額	¥2,260
消費税額等（8%）	¥180

※軽減税率適用

遠藤茶舗
〇〇県〇〇市〇〇町 X-X
TEL. XX-XXXX-XXXX　FAX. XX-XXXX-XXXX
登録番号：T0000000000

※お茶代
［製造経費］

領　収　証

○○駐車場
登録番号：T0000000000

入庫日時　××-4-10　XX：XX
出庫日時　××-4-10　XX：XX

駐車時間　X時間　XX分
駐車料金　1,200円
（内、消費税額10%　109円）
前払　0円
現金　1,200円
釣銭　0円

※駐車料
［販売管理費］

領収証　　No. ....

㈱ハイタイム　様

金額　★　¥4,160

但　日用雑貨代として

X 年　4 月　11 日　上記正に領収いたしました

内　訳	
税込金額	4,160円
消費税額(10%)	378円

やぎホームセンター
○○県○○市○○町 X-X
TEL. XX-XXXX-XXXX　FAX. XX-XXXX-XXXX
登録番号：T0000000000

※日用雑貨
［販売管理費］

領　収　証

○○駐車場
登録番号：T0000000000

入庫日時　××-4-13　XX：XX
出庫日時　××-4-13　XX：XX

駐車時間　X時間　XX分
駐車料金　1,800円
（内、消費税額10%　163円）
前払　0円
現金　1,800円
釣銭　0円

※駐車料
［販売管理費］

2
章

領　収　証

〇〇駐車場
登録番号：T0000000000

入庫日時　××-4-13　××：××
出庫日時　××-4-13　××：××

駐車時間　×時間　××分
駐車料金　1,600円
（内、消費税額10%　145円）
前払　0円
現金　1,600円
釣銭　0円

※駐車料
［販売管理費］

領　収　証

〇〇駐車場
登録番号：T0000000000

入庫日時　××-4-18　××：××
出庫日時　××-4-18　××：××

駐車時間　×時間　××分
駐車料金　2,600円
（内、消費税額10%　236円）
前払　0円
現金　2,600円
釣銭　0円

※駐車料
［販売管理費］

領　収　証

〇〇駐車場
登録番号：T0000000000

入庫日時　××-4-22　××：××
出庫日時　××-4-22　××：××

駐車時間　×時間　××分
駐車料金　800円
（内、消費税額10%　72円）
前払　0円
現金　800円
釣銭　0円

※駐車料
［販売管理費］

領収証

No. ....

㈱ハイタイム 様

金 額 ★ ¥12,500

但 飲食代として

X 年 4 月 23 日 上記正に領収いたしました

ビストロチッタ
○○県○○市○○町 X-X
TEL. XX-XXXX-XXXX FAX. XX-XXXX-XXXX
登録番号：T0000000000

内 訳	
税込金額	12,500円
消費税額(10%)	1,136円

※接待 飲食代
［販売管理費］

領収証

No. ....

㈱ハイタイム 様

金 額 ★ ¥3,990

但 日用雑貨代として

X 年 4 月 26 日 上記正に領収いたしました

やぎホームセンター
○○県○○市○○町 X-X
TEL. XX-XXXX-XXXX FAX. XX-XXXX-XXXX
登録番号：T0000000000

内 訳	
税込金額	3,990円
消費税額(10%)	362円

※日用雑貨
［販売管理費］

領収証書
毎度ありがとうございます

㈱ハイタイム 様

○○○○郵便局
〒000-0000 TEL XX-XXXX-XXXX
登録番号：T0000000000
×年 4月26日 00:00

［XXXXX］
XXXXX
@XX XXX ¥1,000

小 計 ¥1,000

合計 ¥1,000
お預り金額 ¥1,000

※印紙５枚
［販売管理費］

領 収 証

㈱ハイタイム 様　　XX 年 4 月 26 日

¥8,650-

但 4月分書籍購読料

上記正に領収いたしました

内 訳	
税込金額	¥8,650
消費税額(10%)	¥786

令 和 書 房
○○県○○市○○町 X-X
TEL.XX-XXXX-XXXX FAX.XX-XXXX-XXXX
登録番号：T0000000000

※書籍購読料
［販売管理費］

領 収 証

○○駐車場
登録番号：T0000000000

入庫日時 ××-4-28 XX：XX
出庫日時 ××-4-28 XX：XX

駐車時間	X時間 XX分
駐車料金	900円
（内、消費税額10%	81円）
前払	0円
現金	900円
釣銭	0円

※駐車料
［販売管理費］

領収証書
毎度ありがとうございます

㈱ハイタイム 様

○○○○郵便局
〒000-0000 TEL XX-XXXX-XXXX
登録番号：T0000000000
×年 4月 30日 00:00

［XXXXX］
XXXXX

@XX	XXX	¥80
小 計		¥80
課税計(10%)		¥80
(内消費税等		¥7)
合計		¥80
お預り金額		¥80

※郵送料
［販売管理費］

②小切手払い

(納付書) 給与所得・退職所得等の所得税徴収高計算書 (給) 領収済通知書

国税収納金整理資金　12345　年度 XX

区分	支払年月日	人員	支給額	税額
俸給・給料等 (01)	XX0331	X	XXXXXXX	199380
XXXXXX (XX)				
XXXXXX XX (XX)				
XXXXXX (XX)				
税理士等の報酬 (08)				
XXXXXX (XX)				
同上の支払確定年月日				

納付の目的　年 XX 月 03　支払分源泉所得税

年末調整による不足税額 (04)
年末調整による超過税額 (05)

本税	199380
延滞税	
合計額	199380

徴収義務者　住所(所在地)　(電話) XX-XXXX-XXXX
〇〇県〇〇市〇〇町 X-X
氏名(名称)　株式会社 ハイタイム　殿

国庫金　摘要

出納印　X.4.10　城下町銀行××支店　〇〇

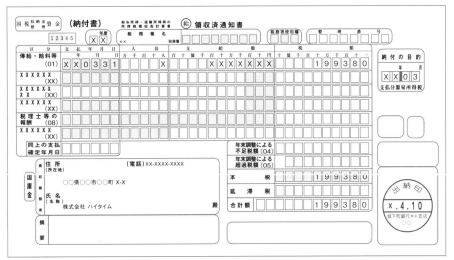

※預り源泉所得税　199,380円納付

領収証書

納入金額	
給与分	273,900円
合計金額	273,900円

△△市
住民税
(3月分)

(株)ハイタイム

領収日付印　出納印　X.4.10　城下町銀行××支店　〇〇

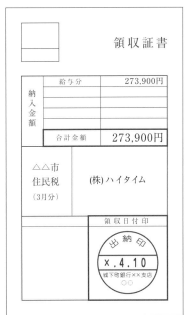

※預り住民税
273,900円納付

領収証　No.

㈱ハイタイム 様

金額 ★ ¥1,701,000

但 2月分として

X年 4月 10日　上記正に領収いたしました

内訳	
現金	
小切手	¥861,000
手形	¥840,000
その他	
合計	¥1,701,000

ケルン工業㈱
〇〇県〇〇市〇〇町 X-X
TEL. XX-XXXX-XXXX FAX. XX-XXXX-XXXX
登録番号：T0000000000

領収証

No. ....

㈱ハイタイム 様

金 額	★ ¥924,000

但 2月分代金として

X 年 4 月 10 日 上記正に領収いたしました

内 訳	
現 金	
小切手	¥924,000
手 形	／
その他	／
合 計	¥924,000

シャルトル工業株式会社
○○県○○市○○町 X-X
TEL. XX-XXXX-XXXX FAX. XX-XXXX-XXXX
登録番号：T0000000000

領収証

No. ....

㈱ハイタイム 様

金 額	★ ¥1,081,500

但 2月分代金として

X 年 4 月 10 日 上記正に領収いたしました

内 訳	
現 金	
小切手	¥1,081,500
手 形	／
その他	／
合 計	¥1,081,500

カンタベリー工業㈱
○○県○○市○○町 X-X
TEL. XX-XXXX-XXXX FAX. XX-XXXX-XXXX
登録番号：T0000000000

領収証

No. ....

㈱ハイタイム 様

金 額	★ ¥145,530

但 3月分代金として

X 年 4 月 30 日 上記正に領収いたしました

内 訳	
現 金	
小切手	¥145,530
手 形	／
その他	／
合 計	¥145,530

㈱オフィスサプライ
○○県○○市○○町 X-X
TEL. XX-XXXX-XXXX FAX. XX-XXXX-XXXX
登録番号：T0000000000

No. ....

領 収 証

㈱ハイタイム 様　　X 年 4 月 30 日

¥674,940

但 3 月 分

上記正に領収いたしました

内 訳	
小切手	¥674,940
その他	／
合 計	¥674,940

○○県○○市○○町 X-X
TEL. XX-XXXX-XXXX FAX. XX-XXXX-XXXX
㈱大黒運輸 登録番号：T0000000000

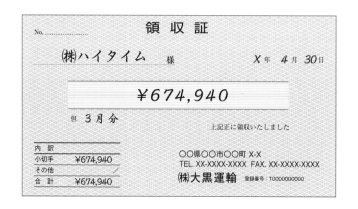

③クレジットカード払い

領　収　証

㈱ハイタイム　様　　　X年　4月　2日

★　¥64,500

但　飲食代として

上記正に領収いたしました

内　訳

税込金額	¥64,500
消費税額等(10%)	¥5,863

和食佐須賀
○○県○○市○○町 X-X
TEL. XX-XXXX-XXXX　FAX. XX-XXXX-XXXX
登録番号：T0000000000

※接待 飲食代
［販売管理費］

領　収　証

㈱ハイタイム　様　　　X年　4月　9日

★　¥36,800

但　飲食代として

上記正に領収いたしました

内　訳

税込金額	¥36,800
消費税額等(10%)	¥3,345

すし白川
○○県○○市○○町 X-X
TEL. XX-XXXX-XXXX　FAX. XX-XXXX-XXXX
登録番号：T0000000000

※接待 飲食代
［販売管理費］

6. クレジットカード利用明細

クレジットカード　利用明細

×年4月15日

㈱ハイタイム　様

ご利用日	ご利用店名・備考	ご利用額
3月31日	通行料(ETC)当月分	58,514円
3月31日	太陽石油㈱	118,940円
4月 2日	和食佐須賀	64,500円
4月 9日	すし白川	36,800円
	当月ご利用額	278,754円

クレジットカード　利用明細

×年5月15日

㈱ハイタイム　様

ご利用日	ご利用店名・備考	ご利用額
4月30日	通行料(ETC)当月分	82,655円
4月30日　※1	太陽石油㈱	138,670円
5月11日	炭火焼肉南大門	46,800円
	当月ご利用額	268,125円

※1　資料7参照

7. 請求書

㈱ハイタイム　様

請求明細書

×年4月30日

ケルン工業㈱
xx県xx市xx町x-x-xx
登録番号：T0000000000

前月請求残高	当月ご入金額	繰越残高	当月お取引額	今回ご請求額
3,748,500円	1,701,000円	2,047,500円	1,312,500円	3,360,000円

日付	伝票番号	品名	数量	単位	単価	金額	備　考
X/X	XXX	XXX XXX XXX XXX XXX	XXX	X	XXXXXX	XXXXXX	
	XXX	XXX XXX XXX XXX XXX	XXX	X	XXXXXX	XXXXXX	
	XXX	XXX XXX XXX XXX XXX	XXX	X	XXXXXX	XXXXXX	

（備考）材料仕入

㈱ハイタイム　様

請求明細書

×年4月30日

シャルトル工業㈱
xx県xx市xx町x-x-xx
登録番号：T0000000000

前月請求残高	当月ご入金額	繰越残高	当月お取引額	今回ご請求額
2,289,000円	924,000円	1,365,000円	903,000円	2,268,000円

日付	伝票番号	品名	数量	単位	単価	金額	備　考
X/X	XXX	XXX XXX XXX XXX XXX	XXX	X	XXXXXX	XXXXXX	
	XXX	XXX XXX XXX XXX XXX	XXX	X	XXXXXX	XXXXXX	
	XXX	XXX XXX XXX XXX XXX	XXX	X	XXXXXX	XXXXXX	

（備考）外注加工

㈱ハイタイム　様

請求明細書

×年4月30日

カンタベリー工業㈱
xx県xx市xx町x-x-xx
登録番号：T0000000000

前月請求残高	当月ご入金額	繰越残高	当月お取引額	今回ご請求額
2,614,500円	1,081,500円	1,533,000円	808,500円	2,341,500円

日付	伝票番号	品名	数量	単位	単価	金額	備　考
X/X	XXX	XXX XXX XXX XXX	XXX	X	XXXXX	XXXXX	
	XXX	XXX XXX XXX XXX	XXX	X	XXXXX	XXXXX	
	XXX	XXX XXX XXX XXX	XXX	X	XXXXX	XXXXX	

（備考）外注加工

請求明細書

㈱ハイタイム　　　　様

×年4月30日

㈱オフィスサプライ
xx県xx市xx町x-x-x x
登録番号：T0000000000

前月請求残高	当月ご入金額	繰越残高	当月お取引額	今回ご請求額
145,530円	145,530円	0円	219,825円	219,825円

日付	伝票番号	品名	数量	単位	単価	金額	備　考
x／x	xxx	xxx xxx xxx xxx xxx	xxx	x	xxxxxx	xxxxxx	
	xxx	xxx xxx xxx xxx xxx	xxx	x	xxxxxx	xxxxxx	
	xxx	xxx xxx xxx xxx xxx	xxx	x	xxxxxx	xxxxxx	

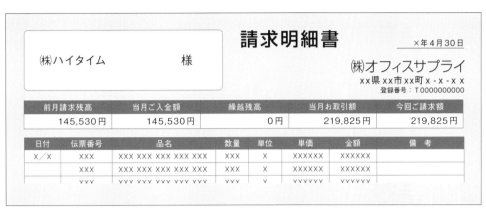

（備考）文具代－事務用品費勘定

請求明細書

×年4月30日

㈱ハイタイム　　　　様

㈱大黒運輸
xx県xx市xx町x-x-x x
登録番号：T0000000000

前月請求残高	当月ご入金額	繰越残高	当月お取引額	今回ご請求額
674,940円	674,940円	0円	454,440円	454,440円

日付	伝票番号	品名	数量	単位	単価	金額	備　考
x／x	xxx	xxx xxx xxx xxx xxx	xxx	x	xxxxxx	xxxxxx	
	xxx	xxx xxx xxx xxx xxx	xxx	x	xxxxxx	xxxxxx	
	xxx	xxx xxx xxx xxx xxx	xxx	x	xxxxxx	xxxxxx	

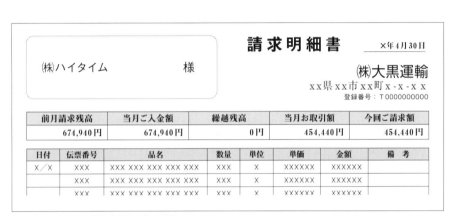

（備考）運送代－運賃勘定［販売管理費］

請求明細書

㈱ハイタイム　　　　様

×年4月30日

太陽石油　xx県xx市xx町x-x-x x
登録番号：T0000000000

前月請求残高	当月ご入金額	繰越残高	当月お取引額	今回ご請求額
118,940円	118,940円	0円	138,670円	138,670円

日付	伝票番号	品名	数量	単位	単価	金額	備　考
x／x	xxx	xxx xxx xxx xxx	xxx	x	xxxxx	xxxxx	
	xxx	xxx xxx xxx xxx	xxx	x	xxxxx	xxxxx	
	xxx	xxx xxx xxx xxx	xxx	x	xxxxx	xxxxx	

（備考）ガソリン代クレジットカード決済分－消耗品費勘定［販売管理費］

8. 請求書控

請求明細書(控)　×年4月30日締め分

㈱ジュール　様

㈱ハイタイム
xx県xx市xx町x-x-x x
登録番号：T0000000000

前月請求残高	当月ご入金額	繰越残高	当月お取引額	今回ご請求額
1,470,000円	1,470,000円	0円	2,415,000円	2,415,000円

日付	伝票番号	品名	数量	単位	単価	金額	備　考
x／x	XXX	XXX XXX XXX XXX XXX	XXX	X	XXXXXX	XXXXXX	
	XXX	XXX XXX XXX XXX XXX	XXX	X	XXXXXX	XXXXXX	
	XXX	XXX XXX XXX XXX XXX	XXX	X	XXXXXX	XXXXXX	

請求明細書(控)　×年4月30日締め分

㈱ブルトン　様

㈱ハイタイム
xx県xx市xx町x-x-x x
登録番号：T0000000000

前月請求残高	当月ご入金額	繰越残高	当月お取引額	今回ご請求額
6,300,000円	2,940,000円	3,360,000円	3,570,000円	6,930,000円

日付	伝票番号	品名	数量	単位	単価	金額	備　考
x／x	XXX	XXX XXX XXX XXX XXX	XXX	X	XXXXXX	XXXXXX	
	XXX	XXX XXX XXX XXX XXX	XXX	X	XXXXXX	XXXXXX	
	XXX	XXX XXX XXX XXX XXX	XXX	X	XXXXXX	XXXXXX	

請求明細書(控)　×年4月30日締め分

㈱ルーベンス　様

㈱ハイタイム
xx県xx市xx町x-x-x x
登録番号：T0000000000

前月請求残高	当月ご入金額	繰越残高	当月お取引額	今回ご請求額
21,630,000円	10,185,000円	11,445,000円	11,025,000円	22,470,000円

日付	伝票番号	品名	数量	単位	単価	金額	備　考
x／x	XXX	XXX XXX XXX XXX XXX	XXX	X	XXXXXX	XXXXXX	
	XXX	XXX XXX XXX XXX XXX	XXX	X	XXXXXX	XXXXXX	
	XXX	XXX XXX XXX XXX XXX	XXX	X	XXXXXX	XXXXXX	

9. 領収証控

領収証（控）　　㈱ジュール　様　　No. ....

金額	¥1,470,000

内訳	
現金	
小切手	
手形	¥1,470,000／2枚
その他	／
合計	¥1,470,000

但　2月分として

X年　4月　25日　上記正に領収いたしました

㈱ハイタイム
○○県○○市○○町 X-X
TEL. XX-XXXX-XXXX　FAX. XX-XXXX-XXXX
登録番号：T0000000000

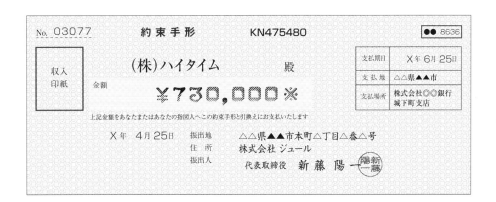

No. 03077　　約束手形　　KN475480　　●● 8636

収入印紙

(株)ハイタイム　殿

金額　¥730,000※

支払期日	X年 6月 25日
支払地	△△県▲▲市
支払場所	株式会社◎◎銀行 城下町支店

上記金額をあなたまたはあなたの指図人へこの約束手形と引換えにお支払いたします

X年　4月25日

振出地　△△県▲▲市本町△丁目△番△号
住所　株式会社 ジュール
振出人　代表取締役　新藤 陽一　（印：新藤陽一）

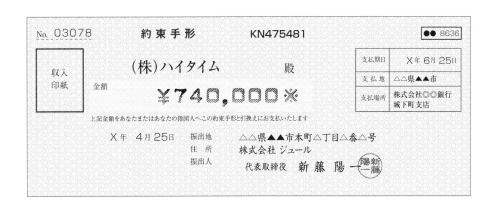

No. 03078　　約束手形　　KN475481　　●● 8636

収入印紙

(株)ハイタイム　殿

金額　¥740,000※

支払期日	X年 6月 25日
支払地	△△県▲▲市
支払場所	株式会社◎◎銀行 城下町支店

上記金額をあなたまたはあなたの指図人へこの約束手形と引換えにお支払いたします

X年　4月25日

振出地　△△県▲▲市本町△丁目△番△号
住所　株式会社 ジュール
振出人　代表取締役　新藤 陽一　（印：新藤陽一）

10. 借入金返済予定表

借入金返済予定表

城下町銀行

借入総額	80,000,000	元利均等返済方式	
借入日	×-9-25	利率	2.50%
借入期間	8年	返済回数	96回
元利合計返済額	920,000円		

回	日付	元金	利息	返済後残高
40	×-1-25	815,044	104,956	48,616,054
41	×-2-25	816,775	103,225	47,799,279
42	×-3-25	828,331	91,669	46,970,948
43	×-4-25	820,268	99,732	46,150,680
44	×-5-25	825,170	94,830	45,325,510
45	×-6-25	823,761	96,239	44,501,749
46	×-7-25	828,559	91,441	43,673,190
47	×-8-25	827,270	92,730	42,845,920

11. 棚卸集計表

棚卸集計表

×年4月30日

製　品	9,240,000円
原材料	1,730,400円

12. 減価償却費一覧

月次減価償却費一覧表

×年 4月30日

勘定科目	当月償却額	販売管理費	製造経費
機械装置	382,215円	0円	382,215円
車両運搬具	57,720円	27,840円	29,880円
工具器具備品	28,350円	0円	28,350円
合計	468,285円	27,840円	440,445円

設問1 4月度銀行勘定調整表を作成しなさい。

区　分		当座預金帳簿残高	残高証明書残高
調整前残高			4,394,987
加算			
	合計		
減算			
	合計		
調整後残高			

設問2 各勘定の4月末残高を記入しなさい。

勘　定　名	残　高
現金	
売掛金－㈱ブルトン	
原材料	
買掛金－ケルン㈱	
未払金－㈱オフィスサプライ	
未払金－社会保険料	
未払消費税	
預り金－源泉所得税	
[製造]賃金	
[製造]法定福利費	
[製造]保険料	
交際費	
地代家賃	
支払利息	
当期純利益	

2-24 総合問題2

問題31

㈱ハイタイムについて、次の資料から5月分の取引を入力後、設問に解答しなさい。
（作成済の会計データを使用する場合は、「株式会社ハイタイム5月（第2章-総合問題2）」を開きます）

＜資料＞

1. 当座照合表

当座照合表

口座番号XXXXX　　　自×年5月1日　至×年5月31日

日付	備考	預入金額	引出金額	残高
5月1日	繰越			4,394,987
5月1日	№103733		674,940	3,720,047
5月7日	№103732		145,530	3,574,517
5月10日	№103736		476,400	3,098,117
5月11日	№103737		1,317,500	1,780,617
5月11日	№103739		693,000	1,087,617
5月12日	№103738		625,000	462,617
5月15日	積金振替		300,000	162,617
5月20日	ｶ)ﾌﾞﾙﾄﾝ　※1	3,360,000		3,522,617
5月20日	ｶ)ﾙｰﾍﾞﾝｽ　※1	11,445,000		14,967,617
5月22日	積金満期振替　※2	3,620,140		18,587,757
5月25日	№103740		401,018	18,186,739
5月25日	借入返済　※3		920,000	17,266,739
5月30日	№103741		4,265,600	13,001,139
5月30日	№103742		1,296,540	11,705,139
5月31日	№103743		7,000,000	4,705,139

城下町銀行

※1　売掛金の振込入金
※2　計算書は、P90に掲載
※3　借入金返済予定表は、P101に掲載

2. 小切手帳控

No. 103736
X年　5月　10日
金額　¥476,400
渡先
摘要　所得税(202,500円)、住民税(273,900円)納付
残高　¥3,096,281
城下町銀行○○支店

No. 103737
X年　5月　10日
金額　¥1,317,500
渡先　ケルン工業
摘要　3月分仕入（手形裏書分730,000円）
残高　¥1,778,781
城下町銀行○○支店

No. 103738
X年　5月　10日
金額　¥625,000
渡先　シャルトル工業
摘要　3月分外注（手形裏書分740,000円）
残高　¥1,153,781
城下町銀行○○支店

No.　103739
X年　5月　10日
金額　百万　千　円
¥693,000
渡先　カンタベリー工業
摘要
3月分外注
(手形裏書分840,000円)
残高　百万　千　円
¥460,781
城下町銀行○○支店

No.　103740
X年　5月　25日
金額　百万　千　円
¥401,018
渡先
摘要
労働保険料第1期分
残高　百万　千　円
¥17,263,607
城下町銀行○○支店

※資料参照　P91納付書、P96申告書

No.　103741
X年　5月　30日
金額　百万　千　円
¥4,265,600
渡先
摘要
各種税金 納付
残高　百万　千　円
¥12,998,007
城下町銀行○○支店

※資料参照　P94納付書

No.　103742
X年　5月　30日
金額　百万　千　円
¥1,296,540
渡先　森田興産
摘要
6月分家賃振込
残高　百万　千　円
¥11,701,467
城下町銀行○○支店

No.　103743
X年　5月　31日
金額　百万　千　円
¥7,000,000
渡先
摘要
普通預金へ
残高　百万　千　円
¥4,701,467
城下町銀行○○支店

No.　103744
X年　5月　31日
金額　百万　千　円
¥219,825
渡先　㈱オフィスサプライ
摘要
4月分文具代
残高　百万　千　円
¥4,481,642
城下町銀行○○支店

No.　103745
X年　5月　31日
金額　百万　千　円
¥454,440
渡先　㈱大黒運輸
摘要
4月分運送代
残高　百万　千　円
¥4,027,202
城下町銀行○○支店

3. 普通預金通帳

城下町銀行

普通預金				
年 月 日	お取引内容	お支払金額	お預り金額	差引残高
	前月繰越			5,492,451
×-5-01	電話代 ※1	54,430		5,438,021
×-5-06	ガス代 ※1	7,375		5,430,646
×-5-06	FB手数料 ※1	2,200		5,428,446
×-5-08	携帯電話料 ※1	81,927		5,346,519
×-5-10	クレジットカード ※2	278,754		5,067,765
×-5-20	洋光収納代行 ※3	57,600		5,010,165
×-5-21	動力代 ※4	95,241		4,914,924
×-5-21	電気代 ※4	15,342		4,899,582
×-5-22	商工会 ※5	24,000		4,875,582
×-5-22	PL保険 ※4	24,300		4,851,282
×-5-27	自動車保険 ※1	28,000		4,823,282
×-5-27	創文堂 ※6	31,500		4,791,782
×-5-28	電気代 ※1	54,152		4,737,630
×-5-29	カード	100,000		4,637,630
×-5-29	振込 吉沢エステート㈱ ※7	75,600		4,562,030
×-5-31	振替		7,000,000	11,562,030
×-5-31	給料 ※8	4,420,014		7,142,016
×-5-31	社会保険料 ※9	1,546,694		5,595,322

※1　販売費及び一般管理費
※2　未払金勘定を使用
※3　コピー機のリース料口座引落分：販売費及び一般管理費
※4　製造経費
※5　年会費：販売費及び一般管理費
※6　事務用品代の口座引落分：販売費及び一般管理費
※7　月極駐車場代5月分の振込　資料4参照
※8　5月分の給料総合振込　資料4参照
※9　4月分の社会保険料口座引落
　　従業員預かり　769,285円、会社負担額　777,409円

4. 振替依頼票控・総合振込控

振込依頼書（控）

お振込方法：本支店宛／他行宛 電信扱　　お手続日：X年 5月 29日

お振込先：
フリガナ ジョウカマチ　城下町 銀行
フリガナ 00000　〇〇 支店
預金種目：1（1.普通 4.貯蓄 2.当座 9.その他（　））
口座番号：X X X X X X X（右づめでご記入下さい）

お受取人：
フリガナ ヨシザワエステートカブシキガイシャ
吉沢エステート㈱ 様

金額：（百億 拾億 億 千万 百万 拾万 万 千 百 拾 円）¥75600

ご依頼人：
おなまえ　フリガナ カブシキガイシャハイタイム
株式会社ハイタイム 様
おところ　〇〇県〇〇市〇〇町 X-X
ご連絡先お電話（XX - XXXX - XXXX）

振込料　0円

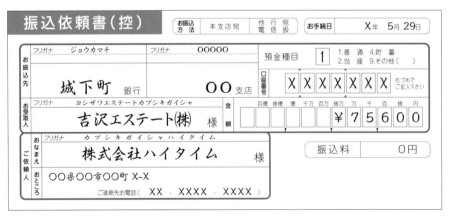

（摘要）6月分月極駐車場代 振込［販売管理費］

振込依頼書（控）

お振込方法	本支店宛	他行宛 電信扱	お手続日	X年 5月 30日

お振込先	フリガナ 00000 ◇◇ 銀行	フリガナ 00000 ◆◆ 支店
預金種目	1	1.普通 4.貯蓄 2.当座 9.その他（　）
口座番号	XXXXXXX	ちづめでご記入下さい
お受取人	フリガナ モリタコウサン 森田興産 様	
金額	¥1296000	
ご依頼人 おなまえ	フリガナ カブシキガイシャハイタイム 株式会社ハイタイム 様	
ご依頼人 おところ	〇〇県〇〇市〇〇町 X-X ご連絡先お電話（ XX - XXXX - XXXX ）	
振込料	0円	

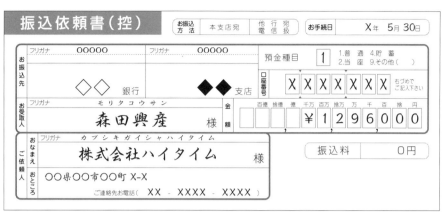

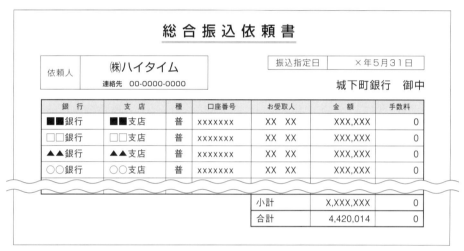

（摘要）6月分家賃 振込［販売管理費 540,000円、製造経費 756,000円］

総合振込依頼書

依頼人	㈱ハイタイム 連絡先 00-0000-0000

振込指定日	×年5月31日

城下町銀行　御中

銀行	支店	種	口座番号	お受取人	金額	手数料
■■銀行	■■支店	普	xxxxxxx	XX　XX	XXX,XXX	0
□□銀行	□□支店	普	xxxxxxx	XX　XX	XXX,XXX	0
▲▲銀行	▲▲支店	普	xxxxxxx	XX　XX	XXX,XXX	0
○○銀行	○○支店	普	xxxxxxx	XX　XX	XXX,XXX	0
…	…	…	…	…	…	…
				小計	X,XXX,XXX	0
				合計	4,420,014	0

（備考）5月分給料振込　詳細は下記集計表参照。

5月分　給与集計表

項目	給料	賃金（製造）	合　計
報酬・給料・賃金	3,308,000	2,180,350	5,488,350
通勤費	69,400	120,400	189,800
支給総額	3,377,400	2,300,750	5,678,150
社会保険料	443,932	325,353	769,285
雇用保険料	6,090	10,901	16,991
所得税	152,000	45,960	197,960
住民税	171,200	102,700	273,900
控除額計	773,222	484,914	1,258,136
差引支給額	2,604,178	1,815,836	4,420,014
総　　計			4,420,014

社会保険料の会社負担額は、前月と変わらない。 P63参照。

2
章

5. 領収証

<留意事項> 受取手形のてん末に関する情報が不足しています。推定の上、適切に処理しましょう。
なお、5月中に約束手形の振り出しはない。

領　収　証

○○駐車場
登録番号：T0000000000

入庫日時　××-5-1　××：××
出庫日時　××-5-1　××：××

駐車時間　×時間　××分
駐車料金　1,400円
（内、消費税額10%　127円）
前払　0円
現金　1,400円
釣銭　0円

※駐車料
［販売管理費］

領　収　証

日付　'X年05月01日　00:00
車番　0000000　000
基本運賃　1,260円
合計　1,260円
（内、消費税額10%　114円）
上記金額領収致しました。
（消費税を含みます）

○○交通株式会社
○○県○○市○○町X-X
☎XX-XXXX-XXXX
登録番号：T0000000000

※タクシー代
［販売管理費］

領収証書
毎度ありがとうございます
㈱ハイタイム　様

○○○○郵便局
〒000-0000　TEL XX-XXXX-XXXX
登録番号：T0000000000
×年　5月 1日　00:00

［XXXXX］
XXXXX
@XX　XXX　¥160
小　計　¥160
課税計（10%）　¥160
（内消費税等　¥14）
合計　¥160
お預り金額　¥160

※郵送料
［販売管理費］

領収証　　　　No. ....

㈱ハイタイム　様

金額　★　¥2,520

但　お土産代として

X年　5月　7日　上記正に領収いたしました

内訳	
税込金額	2,520円
消費税額(10%)	229円

新千庵
○○県○○市○○町 X-X
TEL. XX-XXXX-XXXX　FAX. XX-XXXX-XXXX
登録番号：T0000000000

※贈答品
［販売管理費］

領　収　証

○○駐車場
登録番号：T0000000000

入庫日時 ××-5-8	XX：XX
出庫日時 ××-5-8	XX：XX
駐車時間	X時間 XX分
駐車料金	500円
（内、消費税額10%	45円）
前払	0円
現金	500円
釣銭	0円

※駐車料
［販売管理費］

領　収　証

㈱ハイタイム　様　　　　X年　5月　8日

★　¥3,465

但　お茶代として

上記正に領収いたしました

内訳	
税抜金額	¥3,209
消費税額等(8%)	¥256

※軽減税率適用

遠藤茶舗
○○県○○市○○町 X-X
TEL. XX-XXXX-XXXX　FAX. XX-XXXX-XXXX
登録番号：T0000000000

※お茶代
［製造経費］

国税収納金整理資金 （納付書） 給与所得・退職所得等の所得税徴収高計算書 ㊎ 領収済通知書

12345　年度 XX　税務署名 ××　税務署

区分	支払年月日	人員	支給額	税額
俸給・給料等 (01)	XX0427	X	XXXXXXX	
XXXXXX (XX)				
XXXXXX XX (XX)				
XXXXXX (XX)				
税理士等の報酬 (08)				
XXXXXX (XX)				
同上の支払確定年月日				

納付の目的　年 XX 月 04　支払分源泉所得税

年末調整による不足税額(04)	
年末調整による超過税額(05)	
本税	202500
延滞税	
合計額	¥202500

国庫金　徴収義務者
住所（所在地）　（電話）XX-XXXX-XXXX
○○県○○市○○町 X-X
氏名（名称）
株式会社 ハイタイム　殿

摘要

出納印　X.5.10　城下町銀行××支店 ○○

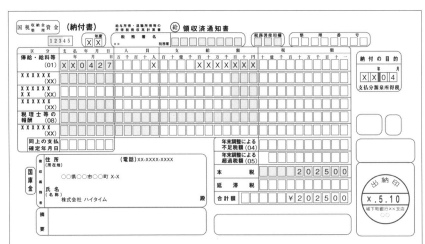

※源泉所得税 4月分
（備考・小切手振出）
¥202,500－

領収証書

納入金額		
	給与分	273,900円
	合計金額	273,900円

△△市
住民税
（4月分）

(株)ハイタイム

領収日付印
出納印　X.5.10　城下町銀行××支店 ○○

※住民税 4月分
（備考・小切手振出）
¥273,900－

領収証　No.

㈱ハイタイム 様

金額 ★ ¥2,047,500

但 3月分代金として

X年 5月 10日　上記正に領収いたしました

内訳	
現金	
小切手	¥1,317,500
手形	¥730,000
その他	
合計	¥2,047,500

ケルン工業㈱
○○県○○市○○町 X-X
TEL. XX-XXXX-XXXX FAX. XX-XXXX-XXXX
登録番号：T0000000000

※3月分

領収証

No. ....

㈱ハイタイム　様

金額　★　¥1,365,000

但　3月分代金として

X 年　5 月　10 日　上記正に領収いたしました

内訳	
現金	
小切手	¥625,000
手形	¥740,000
その他	
合計	¥1,365,000

シャルトル工業株式会社
〇〇県〇〇市〇〇町 X-X
TEL. XX-XXXX-XXXX　FAX. XX-XXXX-XXXX
登録番号：T0000000000

※3月分

領収証

No. ....

㈱ハイタイム　様

金額　★　¥1,533,000

但　3月分代金として

X 年　5 月　10 日　上記正に領収いたしました

内訳	
現金	
小切手	¥693,000
手形	¥840,000
その他	
合計	¥1,533,000

カンタベリー工業㈱
〇〇県〇〇市〇〇町 X-X
TEL. XX-XXXX-XXXX　FAX. XX-XXXX-XXXX
登録番号：T0000000000

※3月分

領収証書
毎度ありがとうございます

㈱ハイタイム　様

〇〇〇〇郵便局
〒000-0000　TEL XX-XXXX-XXXX
登録番号：T0000000000
×年　5月 10日　00:00

[XXXXX]
XXXXX
@XX　XXX　¥160

小　計　¥160

課税計（10%）　¥160
（内消費税等　¥14）

合計　¥160
お預り金額　¥160

※郵送料
［販売管理費］

領　収　証

㈱ハイタイム　様　　X 年 5 月 11 日

★ ¥1,860

但 お茶菓子代として

上記正に領収いたしました

内　訳

税込金額	¥1,860
消費税額等(8%)	¥137

※軽減税率適用

〇〇県〇〇市〇〇町 X-X
TEL. XX-XXXX-XXXX　FAX. XX-XXXX-XXXX
和菓子〇〇庵
登録番号：T0000000000

※お茶菓子代
［販売管理費］

領　収　証

〇〇駐車場
登録番号：T0000000000

入庫日時 ××-5-11 XX：XX
出庫日時 ××-5-11 XX：XX

駐車時間	X時間 XX分
駐車料金	800円
(内、消費税額10%	72円)
前払	0円
現金	800円
釣銭	0円

※駐車料
［販売管理費］

領　収　証

〇〇駐車場
登録番号：T0000000000

入庫日時 ××-5-15 XX：XX
出庫日時 ××-5-15 XX：XX

駐車時間	X時間 XX分
駐車料金	1,400円
(内、消費税額10%	127円)
前払	0円
現金	1,400円
釣銭	0円

※駐車料
［販売管理費］

領　収　証

○○駐車場
登録番号：T0000000000

入庫日時　××-5-17　××：××
出庫日時　××-5-17　××：××

駐車時間　×時間　××分
駐車料金　2,300円
（内、消費税額10%　209円）
前払　0円
現金　2,300円
釣銭　0円

※駐車料
［販売管理費］

領　収　証

㈱ハイタイム　様　　X 年　5 月　21 日

★ ¥3,150

但　お茶代として
上記正に領収いたしました

内　訳	
税抜金額	¥2,917
消費税額等(8%)	¥233

※軽減税率適用

遠藤茶舗
○○県○○市○○町 X-X
TEL. XX-XXXX-XXXX　FAX. XX-XXXX-XXXX
登録番号：T0000000000

※お茶代
［販売管理費］

領　収　証

○○駐車場
登録番号：T0000000000

入庫日時　××-5-21　××：××
出庫日時　××-5-21　××：××

駐車時間　×時間　××分
駐車料金　1,600円
（内、消費税額10%　145円）
前払　0円
現金　1,600円
釣銭　0円

※駐車料
［販売管理費］

2
章

定期積金利息計算書・精算書

×年5月15日

定期積金	3,600,000円	源泉所得税	5,035円
満期加算額	25,175円		
当座預金振替	3,620,140円	振替日	×/5/22

領収証

No. ....

㈱ハイタイム 様

金額 ★ ¥22,600

但 飲食代として

X 年 5 月 23 日 上記正に領収いたしました

内訳
税込金額 22,600円
消費税額(10%) 2,054円

ビストロチッタ
○○県○○市○○町 X-X
TEL. XX-XXXX-XXXX FAX. XX-XXXX-XXXX
登録番号：T0000000000

※接待食事代
［販売管理費］

領収証

No. ....

㈱ハイタイム 様

金額 ★ ¥2,420

但 雑貨代として

X 年 5 月 24 日 上記正に領収いたしました

内訳
税込金額 2,420円
消費税額(10%) 220円

やぎホームセンター
○○県○○市○○町 X-X
TEL. XX-XXXX-XXXX FAX. XX-XXXX-XXXX
登録番号：T0000000000

※日用雑貨
［販売管理費］

領　収　証

〇〇駐車場
登録番号：T0000000000

入庫日時　××-5-24　XX：XX
出庫日時　××-5-24　XX：XX

駐車時間　X時間　XX分
駐車料金　2,200円
（内、消費税額10%　200円）

前払　0円
現金　2,200円
釣銭　0円

※駐車料
［販売管理費］

納　付　書　（労働保険）（国庫金）

取扱庁名：××労働局
※取扱庁番号：XXXXXXXX
労働保険特別会計
厚生労働省所管
XX年度

労働保険番号：XXXXXXXXXXX－XXX

納付額（百 十 億 千 百 十 万 千 百 十 円）：401018

（住所）〒
〇〇県〇〇市〇〇町 X-X
（氏名）
株式会社 ハイタイム　殿

領収日付印
出納印　X.5.25　城下町銀行××支店　〇〇
（収納機関用）

※労働保険料
第1期分
（備考・小切手振出）
¥401,018-

領　収　証

〇〇駐車場
登録番号：T0000000000

入庫日時　××-5-27　XX：XX
出庫日時　××-5-27　XX：XX

駐車時間　X時間　XX分
駐車料金　1,800円
（内、消費税額10%　163円）

前払　0円
現金　1,800円
釣銭　0円

※駐車料
［販売管理費］

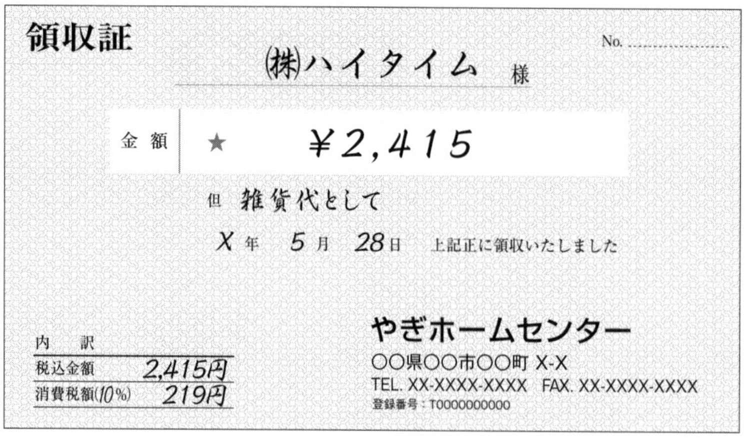
領収証

No. ....

㈱ハイタイム 様

金額	★ ¥2,415

但 雑貨代として

X 年 5 月 28 日 上記正に領収いたしました

内 訳

税込金額	2,415円
消費税額(10%)	219円

やぎホームセンター
○○県○○市○○町 X-X
TEL. XX-XXXX-XXXX FAX. XX-XXXX-XXXX
登録番号：T0000000000

※雑貨代
［製造経費］

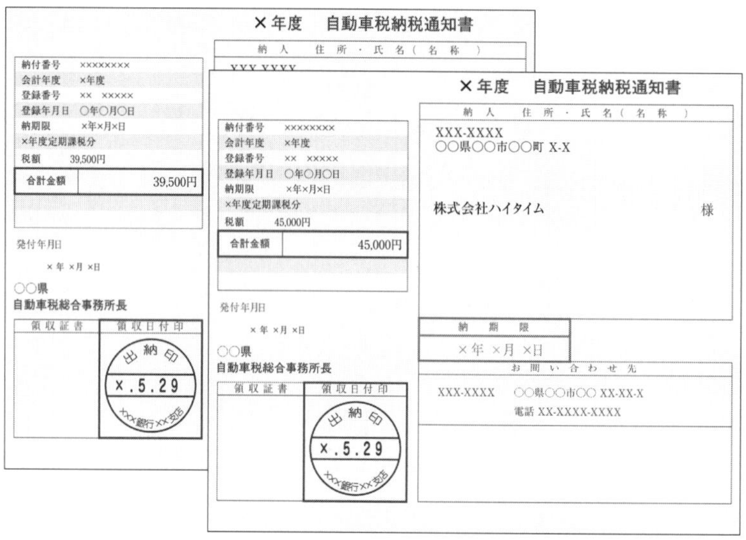
×年度 自動車税納税通知書

納付番号	××××××××
会計年度	×年度
登録番号	×× ×××××
登録年月日	○年○月○日
納期限	×年×月×日
×年度定期課税分	
税額	39,500円
合計金額	39,500円

発付年月日
×年 ×月 ×日
○○県
自動車税総合事務所長

領収証書 ／ 領収日付印：出納印 X.5.29 XXX銀行XX支店

×年度 自動車税納税通知書

納付番号	××××××××
会計年度	×年度
登録番号	×× ×××××
登録年月日	○年○月○日
納期限	×年×月×日
×年度定期課税分	
税額	45,000円
合計金額	45,000円

納人 住所・氏名（名称）
XXX-XXXX
○○県○○市○○町 X-X
株式会社ハイタイム 様

納期限 ×年 ×月 ×日

お問い合わせ先
XXX-XXXX ○○県○○市○○ XX-XX-X
電話 XX-XXXX-XXXX

発付年月日
×年 ×月 ×日
○○県
自動車税総合事務所長

領収証書 ／ 領収日付印：出納印 X.5.29 XXX銀行XX支店

※自動車税２件
［販売管理費］
¥84,500－

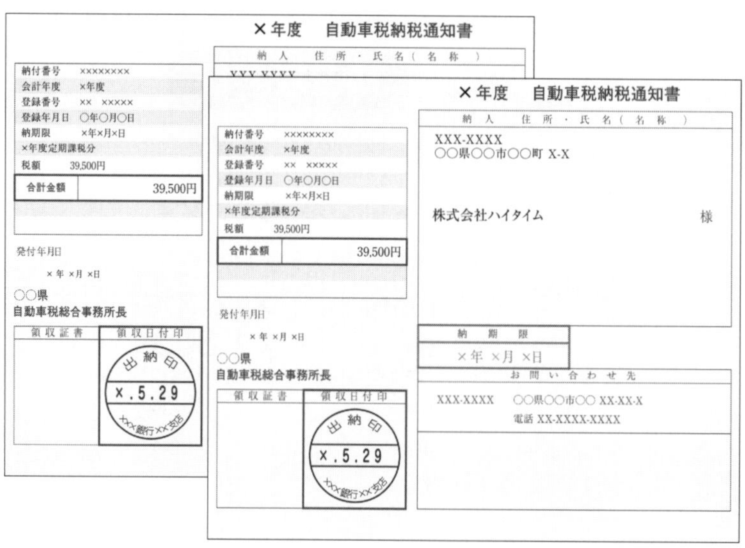
×年度 自動車税納税通知書

納付番号	××××××××
会計年度	×年度
登録番号	×× ×××××
登録年月日	○年○月○日
納期限	×年×月×日
×年度定期課税分	
税額	39,500円
合計金額	39,500円

発付年月日
×年 ×月 ×日
○○県
自動車税総合事務所長

領収証書 ／ 領収日付印：出納印 X.5.29 XXX銀行XX支店

×年度 自動車税納税通知書

納付番号	××××××××
会計年度	×年度
登録番号	×× ×××××
登録年月日	○年○月○日
納期限	×年×月×日
×年度定期課税分	
税額	39,500円
合計金額	39,500円

納人 住所・氏名（名称）
XXX-XXXX
○○県○○市○○町 X-X
株式会社ハイタイム 様

納期限 ×年 ×月 ×日

お問い合わせ先
XXX-XXXX ○○県○○市○○ XX-XX-X
電話 XX-XXXX-XXXX

発付年月日
×年 ×月 ×日
○○県
自動車税総合事務所長

領収証書 ／ 領収日付印：出納印 X.5.29 XXX銀行XX支店

※自動車税２件
［製造経費］
¥79,000－

領　収　証

㈱ハイタイム　様　　XX 年　5 月　30 日

¥8,650-

但　5月分書籍購読料

上記正に領収いたしました

内　訳	
税込金額	¥8,650
消費税額(10%)	¥786

令　和　書　房
○○県○○市○○町　X-X
TEL.XX-XXXX-XXXX　FAX.XX-XXXX-XXXX
登録番号：T0000000000

※書籍購読料
［販売管理費］

領収証　　No. ....

㈱ハイタイム　様

金額　★　¥42,000

但　お食事代として

X 年　5 月　30 日　上記正に領収いたしました

内　訳	
税込金額	¥42,000
消費税額(10%)	¥3,818

割烹三崎
○○県○○市○○町 X-X
TEL. XX-XXXX-XXXX　FAX. XX-XXXX-XXXX
登録番号：T0000000000

※接待 飲食代
［販売管理費］

国税収納金整理資金（納付書） 領収済通知書

年度	税目番号	税務署名	税務署番号
XX	030	△△税務署	XXXXXXXX

区分	金額
本税	1192000
重加算税	
加算税	
利子税	
延滞税	
合計額	1192000

住所（所在地）（電話番号　－　－　）
××県××市××町 ××-××

氏名（法人名）
株式会社 ハイタイム 様(御中)

出納印 x.5.30 城下町銀行××支店 ○○

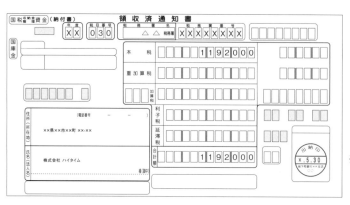

※法人税
（備考・小切手振出）
¥1,192,000-

県税　法人県民税事業税 納付書

口座番号	加入者
xxxxxx-xxxxxx	県指定金融機関 門前町銀行××支店

所在地　〒×××－××××
××県××市××町××-××

法人名　株式会社　ハイタイム

年度	事業年度	申告区分
××	×.4.1 ～ ×.3.31	確定

納期限	課税番号
×.　5.31	×××××××
指定納期限	

県民税 法人	法人税割額	59,600円
	均等割額	10,000円
	延滞金	円
法人事業税	所得割額	347,400円
	付加価値割額	円
	資本割額	円
	収入割額	円
	延滞金	円
	過少申告加算金	円
	不申告加算金	円
	重加算金	円
合計額		417,000円

○○県　　　扱

上記のとおり納付します。
（納税者保管）

領収日付印　出納印 x.5.30 城下町銀行××支店 ○○

※法人県民税事業税（備考・小切手振出）
¥417,000-

市町村コード　×××××　○○県××市

法人市民税納付書

口座番号	加入者
xxxxxx-xxxxxx	××市会計管理者

所在地　〒×××－××××
××県××市××町××-××

法人名　株式会社　ハイタイム

年度	※処理事項	事業者コード
××		

事業年度	申告区分
	確定

		金額
法人税割額	01	146600
均等割額	02	25000
延滞金	03	
	04	
	05	
	06	
合計額	07	171600

納期限　×年5月31日

○○県××市　　扱

上記のとおり納付します。
（納税者保管）

領収日付印　出納印 x.5.30 城下町銀行××支店 ○○

※法人市民税（備考・小切手振出）
¥171,600-

国税収納金整理資金（納付書） 領収済通知書

年度	税目番号	税務署名	税務署番号
XX	240	△△税務署	XXXXXXXX

区分	金額
本税	2485000
重加算税	
加算税	
利子税	
延滞税	
合計額	2485000

住所（所在地）（電話番号　－　－　）
××県××市××町 ××-××

氏名（法人名）
株式会社 ハイタイム 様(御中)

（領収日付印）出納印 x.5.30 城下町銀行××支店 ○○

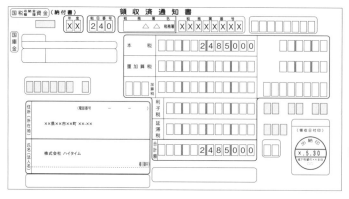

※消費税
（備考・小切手振出）
¥2,485,000-

領収証

No. ....

㈱ハイタイム　様

金額	★　¥219,825

但　4月分代金として

X 年　5 月　31 日　上記正に領収いたしました

内訳	
現金	
小切手	¥219,825
手形	／
その他	／
合計	¥219,825

㈱オフィスサプライ
〇〇県〇〇市〇〇町 X-X
TEL. XX-XXXX-XXXX　FAX. XX-XXXX-XXXX
登録番号：T0000000000

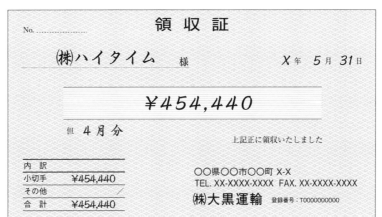

※4月分

領　収　証

No. ....

㈱ハイタイム　様　　X 年　5 月　31 日

¥454,440

但　4 月 分

上記正に領収いたしました

内訳	
小切手	¥454,440
その他	／
合計	¥454,440

〇〇県〇〇市〇〇町 X-X
TEL. XX-XXXX-XXXX　FAX. XX-XXXX-XXXX
㈱大黒運輸　登録番号：T0000000000

※4月分

6.労働保険料申告書

労働保険　概算・増加概算・確定保険料申告書　　XX/5/25

① 労働保険番号　XXXXXXXXXX
④ 常時使用労働者数　13名　　⑤ 雇用保険被保険者数　13名

確定保険料算定内訳	区分		算定期間　×0/4/1～×1/3/31					
			⑧	保険料算定基礎額	⑨	保険料率	⑩	確定保険料額(⑧×⑨)
	労働保険料		(イ)		(イ)	1000分の	(イ)	1,129,880
	労災保険料		(ロ)	48,080	(ロ)	10	(ロ)	480,800
	雇用保険分	雇用保険適用者分	(ハ)	48,080				
		高年齢労働者分	(ニ)	0	(ニ)	0	(ニ)	0
		保険料算定対象者分	(ホ)	48,080	(ホ)	13.5	(ホ)	649,080

概算・増加概算保険料算定内訳	区分		算定期間　×1/4/1 ～ ×2/3/31					
			⑫	保険料算定基礎額	⑬	保険料率	⑭	確定保険料額(⑫×⑬)
	労働保険料		(イ)			1000分の		1,129,880
	労災保険料		(ロ)	48,080		10		480,800
	雇用保険分	雇用保険適用者分	(ハ)	48,080				
		高年齢労働者分	(ニ)	0				
		保険料算定対象者分	(ホ)	48,080		13.5		649,080

⑱申告済概算保険料額		1,105,490				
⑳差引額	(イ)充当額		(ロ)還付額	0	(ハ)不足額	24,390

㉒期別納		(イ)概算保険料額	(ロ)充当額	(ハ)不足額	(ニ)今期納付額
	全期/第1期	376,628	0	24,390	401,018
	第2期	376,626			376,626
	第3期	376,626			376,626

㉕ 事業又は作業の種類:
㉖ 加入している保険　労災保険・雇用保険
㉗ 特掲事業:該当しない
㉘ 所在地: X-X-X
名称:株式会社　ハイタイム
㉙ 氏名:代表取締役　××××

<補足資料>

労災保険料(販売管理費)	191,200	当座預金	401,018
労災保険料(製造経費)	289,600	未払金/労働保険料	376,626
雇用保険料(販売管理費)	162,520	未払金/労働保険料	376,626
雇用保険料(製造経費)	246,160		
雇用保険料(従業員負担分) ※1	240,400		
労働保険料(前期不足額) ※2	24,390		
合　計	1,154,270	合　計	1,154,270

※1　立替金処理
※2　未払金処理

7. クレジットカード利用明細

クレジットカード　利用明細

×年5月15日

㈱ハイタイム　　様

ご利用日	ご利用店名・備考	ご利用額
4月30日	通行料（ETC）当月分	82,655円
4月30日	太陽石油㈱	138,670円
5月11日	炭火焼肉南大門	46,800円
	当月ご利用額	268,125円

クレジットカード　利用明細

×年6月15日

㈱ハイタイム　　様

ご利用日	ご利用店名・備考	ご利用額
5月31日	通行料（ETC）当月分	96,165円
5月31日	太陽石油㈱	150,676円
6月　3日	クラブAX	62,500円
	当月ご利用額	309,341円

8. 請求書

㈱ハイタイム　　　　　様

請求明細書

×年5月31日

ケルン工業㈱
xx県xx市xx町x-x-x x
登録番号：T0000000000

前月請求残高	当月ご入金額	繰越残高	当月お取引額	今回ご請求額
3,360,000円	2,047,500円	1,312,500円	1,176,000円	2,488,500円

日付	伝票番号	品名	数量	単位	単価	金額	備　考
X／X	XXX	XXX XXX XXX XXX XXX	XXX	X	XXXXXX	XXXXXX	
	XXX	XXX XXX XXX XXX XXX	XXX	X	XXXXXX	XXXXXX	
	XXX	XXX XXX XXX XXX XXX	XXX	X	XXXXXX	XXXXXX	

（備考）材料仕入

㈱ハイタイム　　　　　様

請求明細書

×年5月31日

シャルトル工業㈱
xx県xx市xx町x-x-x x
登録番号：T0000000000

前月請求残高	当月ご入金額	繰越残高	当月お取引額	今回ご請求額
2,268,000円	1,365,000円	903,000円	1,060,500円	1,963,500円

日付	伝票番号	品名	数量	単位	単価	金額	備　考
X／X	XXX	XXX XXX XXX XXX XXX	XXX	X	XXXXXX	XXXXXX	
	XXX	XXX XXX XXX XXX XXX	XXX	X	XXXXXX	XXXXXX	
	XXX	XXX XXX XXX XXX XXX	XXX	X	XXXXXX	XXXXXX	

（備考）外注加工

㈱ハイタイム　様

請求明細書

×年5月31日

カンタベリー工業㈱
xx県xx市xx町x-x-x x
登録番号：T0000000000

前月請求残高	当月ご入金額	繰越残高	当月お取引額	今回ご請求額
2,341,500円	1,533,000円	808,500円	745,500円	1,554,000円

日付	伝票番号	品名	数量	単位	単価	金額	備　考
x／x	xxx	xxx xxx xxx xxx	xxx	x	xxxxx	xxxxx	
	xxx	xxx xxx xxx xxx	xxx	x	xxxxx	xxxxx	
	xxx	xxx xxx xxx xxx	xxx	x	xxxxx	xxxxx	

（備考）外注加工

㈱ハイタイム　様

請求明細書

×年5月31日

㈱オフィスサプライ
xx県xx市xx町x-x-x x
登録番号：T0000000000

前月請求残高	当月ご入金額	繰越残高	当月お取引額	今回ご請求額
219,825円	219,825円	0円	130,575円	130,575円

日付	伝票番号	品名	数量	単位	単価	金額	備　考
x／x	xxx	xxx xxx xxx xxx xxx	xxx	x	xxxxxx	xxxxxx	
	xxx	xxx xxx xxx xxx xxx	xxx	x	xxxxxx	xxxxxx	
	xxx	xxx xxx xxx xxx xxx	xxx	x	xxxxxx	xxxxxx	

（備考）文具代－事務用品費勘定

㈱ハイタイム　様

請求明細書

×年4月30日

㈱大黒運輸
xx県xx市xx町x-x-x x
登録番号：T0000000000

前月請求残高	当月ご入金額	繰越残高	当月お取引額	今回ご請求額
454,440円	454,440円	0円	355,572円	355,572円

日付	伝票番号	品名	数量	単位	単価	金額	備　考
x／x	xxx	xxx xxx xxx xxx xxx	xxx	x	xxxxxx	xxxxxx	
	xxx	xxx xxx xxx xxx xxx	xxx	x	xxxxxx	xxxxxx	
	xxx	xxx xxx xxx xxx xxx	xxx	x	xxxxxx	xxxxxx	

（備考）運送代－運賃勘定［販売管理費］

㈱ハイタイム　様

請求明細書

×年4月30日

太陽石油　xx県xx市xx町x-x-x x
登録番号：T0000000000

前月請求残高	当月ご入金額	繰越残高	当月お取引額	今回ご請求額
138,670円	138,670円	0円	150,676円	150,676円

日付	伝票番号	品名	数量	単位	単価	金額	備　考
x／x	xxx	xxx xxx xxx xxx	xxx	x	xxxxx	xxxxx	
	xxx	xxx xxx xxx xxx	xxx	x	xxxxx	xxxxx	
	xxx	xxx xxx xxx xxx	xxx	x	xxxxx	xxxxx	

（備考）ガソリン代クレジットカード決済分－消耗品費勘定［販売管理費］

9. 請求書控

㈱ジュール　様

請求明細書(控)　×年5月31日締め分

㈱ハイタイム
xx県xx市xx町x-x-x x
登録番号：T0000000000

前月請求残高	当月ご入金額	繰越残高	当月お取引額	今回ご請求額
2,415,000円	2,415,000円	0円	2,730,000円	2,730,000円

日付	伝票番号	品名	数量	単位	単価	金額	備　考
X／X	XXX	XXX XXX XXX XXX XXX	XXX	X	XXXXXX	XXXXXX	
	XXX	XXX XXX XXX XXX XXX	XXX	X	XXXXXX	XXXXXX	
	XXX	XXX XXX XXX XXX XXX	XXX	X	XXXXXX	XXXXXX	

㈱ブルトン　様

請求明細書(控)　×年5月31日締め分

㈱ハイタイム
xx県xx市xx町x-x-x x
登録番号：T0000000000

前月請求残高	当月ご入金額	繰越残高	当月お取引額	今回ご請求額
6,930,000円	3,360,000円	3,570,000円	3,465,000円	7,035,000円

日付	伝票番号	品名	数量	単位	単価	金額	備　考
X／X	XXX	XXX XXX XXX XXX XXX	XXX	X	XXXXXX	XXXXXX	
	XXX	XXX XXX XXX XXX XXX	XXX	X	XXXXXX	XXXXXX	
	XXX	XXX XXX XXX XXX XXX	XXX	X	XXXXXX	XXXXXX	

㈱ルーベンス　様

請求明細書(控)　×年5月31日締め分

㈱ハイタイム
xx県xx市xx町x-x-x x
登録番号：T0000000000

前月請求残高	当月ご入金額	繰越残高	当月お取引額	今回ご請求額
22,470,000円	11,445,000円	11,025,000円	9,870,000円	20,895,000円

日付	伝票番号	品名	数量	単位	単価	金額	備　考
X／X	XXX	XXX XXX XXX XXX XXX	XXX	X	XXXXXX	XXXXXX	
	XXX	XXX XXX XXX XXX XXX	XXX	X	XXXXXX	XXXXXX	
	XXX	XXX XXX XXX XXX XXX	XXX	X	XXXXXX	XXXXXX	

10. 領収証控

領収証（控）　　㈱ジュール　様　　No. ....

金額	¥2,415,000

但　3月分として

X年　5月　25日　上記正に領収いたしました

内訳	
現金	
小切手	
手形	¥2,415,000／2枚
その他	／
合計	¥2,415,000

㈱ハイタイム
○○県○○市○○町 X-X
TEL. XX-XXXX-XXXX　FAX. XX-XXXX-XXXX
登録番号：T0000000000

No. 03091　　約束手形　　KN475488　　●● 8636

収入印紙

(株)ハイタイム　殿

金額　¥1,200,000※

支払期日	X年 7月 25日
支払地	△△県▲▲市
支払場所	株式会社○○銀行 城下町支店

上記金額をあなたまたはあなたの指図人へこの約束手形と引換えにお支払いたします

X年　5月25日

振出地 住所　△△県▲▲市本町△丁目△番△号
振出人　株式会社 ジュール
代表取締役　新藤 陽一　（新藤陽一）

No. 03092　　約束手形　　KN475489　　●● 8636

収入印紙

(株)ハイタイム　殿

金額　¥1,215,000※

支払期日	X年 7月 25日
支払地	△△県▲▲市
支払場所	株式会社○○銀行 城下町支店

上記金額をあなたまたはあなたの指図人へこの約束手形と引換えにお支払いたします

X年　5月25日

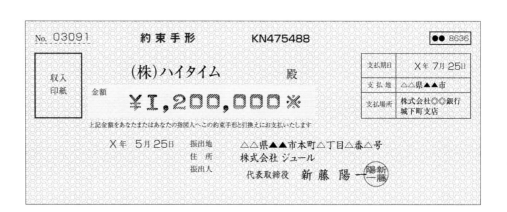

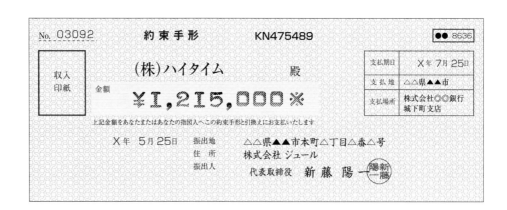

振出地 住所　△△県▲▲市本町△丁目△番△号
振出人　株式会社 ジュール
代表取締役　新藤 陽一　（新藤陽一）

11. 借入金返済予定表

借入金返済予定表

城下町銀行

借入総額	80,000,000	元利均等返済方式	
借入日	×-9-25	利率	2.50%
借入期間	8年	返済回数	96回
元利合計返済額	920,000円		

回	日付	元金	利息	返済後残高
40	×-1-25	815,044	104,956	48,616,054
41	×-2-25	816,775	103,225	47,799,279
42	×-3-25	828,331	91,669	46,970,948
43	×-4-25	820,268	99,732	46,150,680
44	×-5-25	825,170	94,830	45,325,510
45	×-6-25	823,761	96,239	44,501,749
46	×-7-25	828,559	91,441	43,673,190
47	×-8-25	827,270	92,730	42,845,920
48	×-9-25	827,270	92,730	42,845,920

12. 棚卸集計表

棚卸集計表

×年5月31日

製　品	6,667,500円
原材料	1,190,700円

13. 減価償却費一覧

月次減価償却費一覧表

×年 5月31日

勘定科目	当月償却額	販売管理費	製造経費
機械装置	382,215円	0円	382,215円
車両運搬具	57,720円	27,840円	29,880円
工具器具備品	28,350円	0円	28,350円
合計	468,285円	27,840円	440,445円

設問1 5月度銀行勘定調整表を作成しなさい。

<table>
<tr><td colspan="2">区　分</td><td>当座預金帳簿残高</td><td>残高証明書残高</td></tr>
<tr><td colspan="2">調整前残高</td><td></td><td>4,705,139</td></tr>
<tr><td rowspan="5">加算</td><td></td><td></td><td></td></tr>
<tr><td></td><td></td><td></td></tr>
<tr><td></td><td></td><td></td></tr>
<tr><td></td><td></td><td></td></tr>
<tr><td>合計</td><td></td><td></td></tr>
<tr><td rowspan="5">減算</td><td></td><td></td><td></td></tr>
<tr><td></td><td></td><td></td></tr>
<tr><td></td><td></td><td></td></tr>
<tr><td></td><td></td><td></td></tr>
<tr><td>合計</td><td></td><td></td></tr>
<tr><td colspan="2">調整後残高</td><td></td><td></td></tr>
</table>

設問2 各勘定の5月末残高を記入しなさい。

勘　定　名	残　高
現金	
売掛金－㈱ジュール	
原材料及び貯蔵品	
買掛金－シャルトル工業㈱	
未払金－大黒運輸㈱	
未払金－社会保険料	
未払消費税	
預り金－源泉所得税	
[製造]賃金	
[製造]法定福利費	
[製造]保険料	
交際費	
地代家賃	
支払利息	
当期純利益	

知識編

第3章 企業の現状分析と経営計画

Chapter 3

1 財務の状況

問題1 テキスト 90～107ページ

次の設問の解答及び空欄の内容に該当するものを、それぞれの語群から選んで解答欄に記入しなさい。

No.	問題および語群
1	貸借対照表の総資本を構成する要素で、金融機関や取引先など株主以外の外部から調達された資金を［　　　］資本という。 解答群　ア．自己　イ．金融　ウ．借入　エ．外部　オ．他人
2	損益計算書で、売上高から売上原価を差し引いて、販売のための諸経費を差し引いた利益を［　　　］という。 解答群　ア．売上総利益　イ．営業利益　ウ．経常利益　エ．販売利益　オ．特別利益
3	損益計算書において、営業外費用に該当するものはどれか。 解答群　ア．社債利息　イ．火災損失　ウ．外注費　エ．試験研究費　オ．固定資産売却損
4	企業の財務状況の把握に直接関係ないと思われるものを選びなさい。 解答群　ア．資金繰り　イ．財務会計　ウ．購買管理　エ．管理会計　オ．節税管理
5	次の分析手法のうち、収益性分析ではないものを2つ選びなさい。 解答群　ア．売上高総利益率　イ．総資本利益率　ウ．株主資本経常利益率　エ．総資本回転率　オ．財務レバレッジ　カ．労働装備率　キ．1人あたり付加価値　ク．株主資本回転率
6	製造業など固定資産の多い業種の分析に適した財務指標で、［　Ⓐ　］と呼ばれる総資本経常利益率は、資産の有効活用度を測ることができます。資産をリースしている場合には［　Ⓑ　］されないことがあるため、資産を保有している場合に比してよくなる。 解答群　ア．ROA　イ．ROE　ウ．BPS　エ．EPS　オ．資産計上　カ．未払計上　キ．費用計上　ク．減価償却
7	借入など他人資本で資金を調達し、自己資本のみで事業を行うより、収益性を上げている場合を［　Ⓐ　］があるといいます。式で表すと［　Ⓑ　］の逆数になります。 解答群　ア．経営効率　イ．レバレッジ効果　ウ．資金効率　エ．費用対効果　オ．総資本回転率　カ．総資産回転率　キ．自己資本比率　ク．自己資本利益率(ROE)

解答欄

No.1		No.2		No.3		No.4	
No.5		No.6	Ⓐ　Ⓑ	No.7	Ⓐ　Ⓑ		

No.	問題および語群
8	次の資料にもとづき、設問に解答しなさい。(小数点第２位を四捨五入)

貸借対照表　第X1期

現預金計	19,000	買掛金	16,000
受取手形	7,000	他流動負債	8,300
売掛金	20,000	流動負債計	24,300
有価証券	0	固定負債計	50,000
当座資産計	46,000	引当金計	0
棚卸資産計	10,000	負債合計	74,300
その他流動資産計	7,000	資本金	10,000
流動資産計	63,000	資本剰余金計	0
有形固定資産計	24,000	利益剰余金計	18,700
無形固定資産計	4,000	株主資本計	28,700
投資その他計	12,000	評価換算差額計	0
固定資産計	40,000	純資産合計	28,700
資産合計	103,000	負債純資産合計	103,000

(単位：千円)

損益計算書　第X1期

売上高	210,000
売上原価	95,000
売上総利益	115,000
販売管理費	105,000
営業利益	10,000
営業外収益	600
営業外費用	4,600
経常利益	6,000
特別利益	0
特別損失	0
税引前利益	6,000
法人税等	2,000
当期純利益	4,000

(単位：千円)

貸借対照表　第X2期

現預金計	21,000	買掛金	18,000
受取手形	8,700	他流動負債	9,300
売掛金	26,000	流動負債計	27,300
有価証券	0	固定負債計	46,400
当座資産計	55,700	引当金計	0
棚卸資産計	5,000	負債合計	73,700
その他流動資産計	7,000	資本金	10,000
流動資産計	67,700	資本剰余金計	0
有形固定資産計	22,000	利益剰余金計	23,000
無形固定資産計	4,000	株主資本計	33,000
投資その他計	13,000	評価換算差額計	0
固定資産計	39,000	純資産合計	33,000
資産合計	106,700	負債純資産合計	106,700

(単位：千円)

損益計算書　第X2期

売上高	230,000
売上原価	105,000
売上総利益	125,000
販売管理費	115,000
営業利益	10,000
営業外収益	200
営業外費用	4,000
経常利益	6,200
特別利益	0
特別損失	0
税引前利益	6,200
法人税等	1,900
当期純利益	4,300

(単位：千円)

安全性分析

分析指標	第1期	第2期
流動比率	%	%
当座比率	%	%
固定比率	%	%
自己資本比率	%	%
棚卸資産回転期間	月	月
棚卸資産回転率	回	回
売掛債権回転率	回	回

収益性分析

分析指標	第1期	第2期
売上高総利益率	%	%
売上高経常利益率	%	%
自己資本利益率(ROE)	%	%
500万円増資した場合	%	%
500万円減資した場合	%	%
自己資本経常利益率	%	%

効率性分析

分析指標	第1期	第2期
総資本回転率	%	%
売上高経常利益率X総資本回転率 (=総資本経常利益率)	%	%
財務レバレッジ(自己資本比率の逆数)	倍	倍

成長性分析

分析指標	第1期	第2期
売上高増加率		%
経常利益増加率		%

2 費用（原価）と利益の状況

問題2 テキスト 108～115ページ

次の文章の空欄に最も適当と思われる語句を語群から選んで記号で答えなさい。

No.	問題および語群
1	企業の生産活動において、資本や労働力などの生産要素の寄与度を生産性と呼ぶ。その中で、労働力1単位に対してどれだけの価値を生めたかを指す指標が労働生産性である。 算式は［　　　］÷従業員数である。 **解答群** ア．経常利益　イ．有形固定資産　ウ．売上総利益　エ．付加価値　オ．売上原価
2	損益計算書の売上原価と販売管理費を変動費と固定費に分解し、売上高から変動費を差し引いて算定されるのは［　　　］である。 **解答群** ア．経常利益　イ．損益分岐点　ウ．営業利益　エ．貢献利益　オ．標準原価
3	［　　　］に対する変動費の割合を変動比率、［　　　］に対する貢献利益の割合を貢献利益率と呼びます。 **解答群** ア．経常利益　イ．販売費及び一般管理費　ウ．売上高　エ．当期純利益　オ．売上総利益
4	［　Ⓐ　］とは、現在の売上高の水準が損益分岐点の売上高からどのくらいはなれているかを表しており［　Ⓐ　］と［　Ⓑ　］をあわせると1になります。 **解答群** ア．貢献利益　イ．貢献利益率　ウ．変動比率　エ．均衡点　オ．利益限界点　カ．安全余裕率　キ．損益分岐点比率　ク．純利益

No.	問題および語群
5	次の資料にもとづき、設問に解答しなさい。

損益計算書　A社

売上高	200,000
売上原価	150,000
変動売上原価	130,000
固定売上原価	20,000
売上総利益	50,000
販売管理費	46,000
変動販売管理費	20,000
固定販売管理費	26,000
当期純利益	4,000

（単位：千円）

損益計算書　B社

売上高	200,000
売上原価	70,000
変動売上原価	50,000
固定売上原価	20,000
売上総利益	130,000
販売管理費	126,000
変動販売管理費	25,000
固定販売管理費	101,000
当期純利益	4,000

（単位：千円）

設問

設問内容	A社	B社
貢献利益	Ⓐ	Ⓕ
貢献利益率	Ⓑ	Ⓖ
損益分岐点	Ⓒ	Ⓗ
安全余裕率	Ⓓ	Ⓘ
目標営業利益8,000千円を達成する目標売上高	Ⓔ	Ⓙ

No.	問題および語群
6	単位当たりの販売価格が800円、変動費が300円、固定費が200万円の場合、単位当たり貢献利益は［Ⓐ］円であり、損益分岐点売上高における販売量は、［Ⓑ］個である。
7	単位当たりの販売価格が1,500円、変動費が500円、固定費が400万円、目標営業利益が600万円の場合、達成できる売上高は［Ⓐ］円であり、損益分岐点比率は［Ⓑ］%である。
8	単位当たりの販売価格を1,500円、変動費が500円、固定費が400万円、販売数量8,000個の状態から、販売価格250円値下げ、変動費10％削減した場合、販売数量を維持したとして、営業利益を維持するためには固定費をいくら削減しなければならないか。

解答欄

No.1		No.2		No.3	
No.4	Ⓐ	Ⓑ			
No.5	Ⓐ　千円	Ⓑ　%	Ⓒ	Ⓓ　%	Ⓔ　千円
	Ⓕ　千円	Ⓖ　%	Ⓗ	Ⓘ　%	Ⓙ　千円
No.6	Ⓐ	Ⓑ	No.7	Ⓐ	Ⓑ
No.8					

3章

3 資金の状況

問題3　テキスト 116～125ページ

次の設問の解答に該当するものを、それぞれの語群から選んで解答欄に記入しなさい。

No.	問題および語群
1	資金繰り表では、資金の増減原因が［ Ⓐ ］と［ Ⓑ ］とに区分されている。 解答群　ア．経常収入　イ．経常支出　ウ．経常収支　エ．その他の収支　オ．当月収支差額
2	資金繰りは企業存続の最重要項目といえます。資金繰りが悪化すると思われる要素を選びなさい。 解答群　ア．在庫の減少　イ．掛け販売の増加　ウ．借入金の減少　エ．増資　オ．得意先の増加
3	黒字倒産しないためにはどの対策、管理が効果的か。 解答群　ア．生産管理　イ．情報システム管理　ウ．キャッシュフロー経営　エ．連結管理　オ．マーケティングリサーチ
4	資金の状況が悪化する原因を1つ選びなさい。 解答群　ア．コストダウン　イ．与信管理強化　ウ．資産廃棄　エ．割増減価償却費　オ．在庫の増大

No.	問題および語群
5	次の資料にもとづき、実績資金繰り表を完成させなさい。

月次損益計算書

（単位：千円）

	前期		当期		
	2月	3月	4月	5月	6月
売上高	10,168	12,830	10,518	10,634	9,734
前月末棚卸	4,894	4,635	6,344	6,096	5,612
仕入高	3,292	6,146	3,417	3,246	3,143
月末棚卸	4,635	6,344	6,096	5,612	5,345
売上総利益	6,617	8,393	6,853	6,904	6,324
人件費	2,512	2,512	2,654	2,654	6,654
営業経費	1,382	2,361	1,465	1,589	1,644
その他の経費	439	863	524	318	267
減価償却費	165	165	165	165	165
販売管理費合計	4,498	5,901	4,808	4,726	8,730
営業利益	2,119	2,492	2,045	2,178	△2,406
受取利息	0	0	0	0	0
雑収入	0	0	0	0	0
支払利息	35	35	38	35	35
経常利益	2,084	2,457	2,007	2,143	△2,441
法人税等		1,460			
当期利益	2,084	997	2,007	2,143	△2,441
当期利益（累積）	3,954	4,951	2,007	4,150	1,709

6月の人件費には、4,000千円の賞与が含まれている。

＜補足情報＞

1. 現預金の3月末残高は、5,684千円である。

2. 売上内訳

（単位：千円）

	2月	3月	4月	5月	6月
現金売上	538	1,435	864	1,421	769
掛け売上	9,630	11,395	9,654	9,213	8,965
合計	10,168	12,830	10,518	10,634	9,734

掛け売上の回収サイクルは、翌々月であり、滞留等の事故はない。

3. 仕入内訳

（単位：千円）

	2月	3月	4月	5月	6月
現金仕入	234	689	145	284	56
掛け仕入	3,058	5,457	3,272	2,962	3,087
合計	3,292	6,146	3,417	3,246	3,143

掛け仕入の支払サイクルは、翌月であり、遅延等はない。

4. 借入金は、毎月元金均等で返済しており、月額750千円である。

3章

実績資金繰り表

（単位：千円）

月度			4月	5月	6月
前月現預金残高					
経常収支	経常収入	現金売上			
		売掛金回収			
		手形回収			
		受取利息			
		その他の経常収入			
		計			
	経常支出	現金仕入			
		買掛金支払			
		支払手形決済			
		人件費			
		営業経費			
		支払利息			
		その他の経常支出			
		計			
	経常収支差額				
その他の収支	その他の収入	借入金収入			
		設備等売却収入			
		その他			
		計			
	その他の支出	借入金返済			
		設備等取得支出			
		その他			
		計			
	その他の収支差額				
当月収支差額					
次月繰越現預金残高					

解答欄

No.1	Ⓐ　　Ⓑ	No.2	
No.3		No.4	

知識編

第4章 業務管理と関連システム

Chapter 4

1 出納業務と財務管理システム

問題1 テキスト 128～137ページ

次の設問の解答及び空欄の内容に該当するものを、それぞれの語群から選んで解答欄に記入しなさい。

No.	問題および語群
1	預金の種類にはいくつかあり、小切手や手形の支払を決済するための口座は [　　] 預金である。 解答群　ア．当座　イ．別段　ウ．定期　エ．通知　オ．普通
2	実際の当座預金残高と、企業の帳簿残高が一致しない場合に、不一致原因を明らかにする為に作成する書類は [　　] である。 解答群　ア．銀行勘定調整表　イ．預金出納帳　ウ．残高証明書　エ．小切手･手形帳　オ．当座照合表
3	総勘定元帳や仕訳帳、現金出納帳などの帳簿を備え付けて、取引を記録するとともに、その帳簿と取引等に関して作成又は受領した注文書や契約書、領収証などの書類を [　　] 保存しなければならない。 解答群　ア．1年間　イ．3年間　ウ．5年間　エ．7年間　オ．10年間
4	受取手形に関して、手形管理システムの入力上、関連の無い事項は、[Ⓐ] と [Ⓑ] である。 解答群　ア．裏書譲渡日　イ．取立依頼　ウ．手形ジャンプ　エ．訴求義務　オ．手形番号 カ．割引譲渡日　キ．手形振出日　ク．決済銀行　ケ．手形期日　コ．収入印紙額
5	現金預金の支払に関する証ひょうには、領収書･[Ⓐ]･小切手帳（控）･[Ⓑ] など、現金預金の受取に関する証ひょうには、領収書（控）･請求書（控）[Ⓐ] など、商品の売上に関する証ひょうには、納品書（控）･請求書（控）･注文書、商品の仕入に関する証ひょうには、納品書･[Ⓑ]･注文書（控）などがあります。その他、契約書や見積書などもあります。 解答群　ア．納品書　イ．納品書（控）　ウ．領収書（控）　エ．預金通帳　オ．注文書 カ．注文書（控）　キ．物品受領書　ク．請求書　ケ．小切手帳（控）　コ．返済予定表

解答欄

No.1		No.2		No.3	
No.4	Ⓐ　　Ⓑ	No.5	Ⓐ　　Ⓑ		

2 販売業務と販売管理システム　3 購買業務と購買管理システム

問題2　テキスト 138～143ページ

次の文章の空欄に最も適当と思われる語句を語群から選んで記号で答えなさい。

No.	問題および語群
1	販売業務、購買業務とあるが、販売業務において代金の請求時に発行される書類は［　　　　］である。 解答群　ア．受注書　イ．物品納品書　ウ．領収書　エ．振込依頼票　オ．請求明細書
2	債権回収・残高管理に役立つのは、［　　　　］である。 解答群　ア．キャッシュフロー計算書　イ．販売管理ソフト　ウ．仕入債務一覧表 エ．回収予定表　オ．請求明細書
3	販売管理システムの得意先に関するマスター登録（台帳登録）上、関連の無い項目は［　　　　］と［　　　　］である。 解答群　ア．売上計上基準　イ．締め日　ウ．掛け率　エ．回収条件　オ．入力担当者 カ．消費税転嫁　キ．会計期間　ク．与信限度額　ケ．回収予定日　コ．振込料負担
4	見積書の作成・提出上、関連の無い項目は［　　　　］と［　　　　］である。 解答群　ア．商品仕様　イ．決済方法　ウ．納入業者　エ．商品数量　オ．納入先 カ．見積有効期限　キ．仕入単価　ク．販売単価　ケ．振込料負担　コ．納入予定日
5	債権管理上、関連の無い項目は［　　　　］と［　　　　］である。 解答群　ア．滞留債権一覧表　イ．売掛金残高一覧表　ウ．回収実績一覧表　エ．信用情報　オ．回収条件 カ．期日別回収予定表　キ．実績資金繰り表　ク．受取手形管理表　ケ．商品別付加価値　コ．与信限度額

解答欄

No.1		No.2		No.3	
No.4		No.5			

4 給与計算業務と給与計算システム

問題3 テキスト 144～151ページ

次の設問の解答に該当するものを、それぞれの語群から選んで解答欄に記入しなさい。

No.	問題および語群
1	給与計算上、関連しない法規・規定はどれか。 解答群 ア．労働基準法　イ．給与規定　ウ．会社法　エ．就業規則　オ．労働契約法
2	割増賃金について、時間外労働の場合の割増率はどれか。 解答群 ア．25%　イ．20%　ウ．15%　エ．35%　オ．50%
3	経営者と労働者の折半で負担するのはどれか。 解答群 ア．労働者災害補償保険　イ．児童手当拠出金　ウ．住民税　エ．所得税　オ．厚生年金保険料
4	給与所得の計算上、所得税が課税されないものは、どれか。 解答群 ア．家族手当　イ．住宅手当　ウ．扶養手当　エ．昇給差額　オ．年末調整還付
5	所得税は毎年［Ⓐ］に生じた個人の所得に課税される税金で国税の1つです。課税方式には、総合課税、源泉分離課税、申告分離課税があり、総合課税の所得には、給与所得以外に事業所得、［Ⓑ］所得、配当所得、一時所得、雑所得などがあります。 解答群 ア．勤務先企業の会計期間1年間　イ．1月1日から12月31日までの1年間　ウ．4月1日から翌3月31日までの1年間　エ．任意の1年間　オ．預金利息　カ．山林　キ．不動産　ク．不動産譲渡　ケ．株式譲渡　コ．贈与

解答欄

No.1		No.2		No.3	
No.4		No.5	Ⓐ	Ⓑ	

5 法人と税金

問題4 テキスト 152～155ページ

次の設問の解答に該当するものを、それぞれの語群から選んで解答欄に記入しなさい。

No.	問題および語群
1	税金は国税と地方税、直接税と間接税に分類される。地方税の直接税に該当するものはどれか。 解答群 ア．法人税 イ．事業税 ウ．印紙税 エ．贈与税 オ．所得税
2	次の各種税金のうち、法人が課税の対象（物件、行為、事業等）とならないのものはどれか。 解答群 ア．法人税 イ．所得税 ウ．消費税 エ．印紙税 オ．不動産取得税 カ．相続税 キ．固定資産税 ク．事業税 ケ．自動車税 コ．自動車取得税
3	次の各種税金のうち、地方税はどれか。 解答群 ア．法人税 イ．相続税 ウ．印紙税 エ．登録免許税 オ．所得税 カ．固定資産税 キ．たばこ税 ク．石油税 ケ．自動車重量税 コ．自動車取得税
4	自動車は毎年4月1日現在で車検証に記載されている所有者に自動車税が課税されます。土地や建物などの不動産は毎年1月1日の所有者に［　Ⓐ　］および都市計画税が課税されます。構築物や機械、備品などは、毎年1月1日の簿価を基準にその所有者に［　Ⓑ　］が課税されます。 解答群 ア．事業税 イ．固定資産税 ウ．事業所税 エ．償却資産税 オ．土地保有税
5	個人の住民税は、その年の［　Ⓐ　］現在の所在地で、前年1月から12月までの1年間の所得に対し課税されます。個人の住民税は、道府県民税（東京都は都民税）と市町村民税（東京都23区は特別区民税）があり、市町村（または特別区）が一括して賦課徴収します。給与所得者の場合、会社が給与から差し引いて納める［　Ⓑ　］制度が設けられています。 解答群 ア．1月1日 イ．3月31日 ウ．4月1日 エ．5月31日 オ．12月31日 カ．一括徴収 キ．普通徴収 ク．特別徴収 ケ．天引徴収 コ．給与徴収

解答欄

No.1		No.2		No.3	
No.4	Ⓐ　　Ⓑ	No.5	Ⓐ　　Ⓑ		

知識編

第5章 製造業における業務と原価情報の活用

Chapter 5

1 製造業のしくみ

問題1 テキスト 158～169ページ

次の設問の解答及び空欄の内容に該当するものを、それぞれの語群から選んで解答欄に記入しなさい。

No.	問題および語群
1	製造業の原価計算についての分類で、材料費、労務費、経費とあるが、経費に該当しないものはどれか。 解答群 ア．外注加工費 イ．減価償却費 ウ．水道光熱費 エ．製品棚卸減耗損 オ．リース料
2	製造業の原価計算についての分類で、製造直接費と製造間接費とあるが、製造間接費に該当しないものはどれか。 解答群 ア．水道光熱費 イ．外注加工費 ウ．旅費交通費 エ．地代家賃 オ．減価償却費
3	製品を受注して製造する、個別オーダータイプの企業の原価計算は［　　　］原価計算における計算方法が適している。 解答群 ア．総合 イ．標準 ウ．個別 エ．実際 オ．受注
4	正しい当期製品製造原価を求めるためには、［　　　］勘定の年次または月次振替処理が必要になる。 解答群 ア．製品 イ．支払利息 ウ．補助部品 エ．商品 オ．仕掛品
5	製造原価報告書の末尾で計算された「当期製品製造原価」は、損益計算書の［　　　］に組み込まれる。 解答群 ア．売上総利益 イ．販売費 ウ．売上原価 エ．管理費 オ．製造費
6	次の外注加工費の内容から、当月における消費額を算定しなさい。 前月未払額200円　当月支払額1000円　当月前払額100円 解答群 ア．1300円 イ．1000円 ウ．900円 エ．800円 オ．700円

解答欄

No.1		No.2		No.3	
No.4		No.5		No.6	

模擬問題

電子会計実務検定試験２級の模擬問題にチャレンジしてみましょう。

■問題の構成内容

区　分	内　　容	形　式	問題数
問題１	電子会計情報の活用、関連業務からの業務データの活用、電子会計データの保管・管理に関する知識問題	空欄補充問題	５題
問題２	会計ソフトを利用したデータ入力 各種財務金額を直接問う問題	金額記入問題	１０題
問題３	実績資金繰り表から資金の状況を判断する問題	空欄補充問題	５題

問題2では、実際に会計ソフトを使用して会計データを入力し、入力した結果を見ながら解答します。その際会計データには、すでに一部の会計データが入力されています。問題の指示に従って会計データを追加してください。

なお、会計データが用意できていない場合は、下記サイトからダウンロードし、復元処理を行ってください。

URL https://www.obc.co.jp/obcisp/kyozai

データ名 株式会社マイヨール(模擬問題C)
株式会社カパルート(模擬問題D)

※データの復元方法は、2級テキスト(別書)第2章 2-2 会計データの復元(18ページ)を参照ください。

1 C問題（株式会社マイヨール）

問題1

次の文章に適当と思われる語句を語群から選んで記号で答えなさい。

No.	問題および語群
1	損益分岐点分析において、売上高線と Ⓐ の交点を損益分岐点と呼びます。貢献利益を示した図表では、貢献利益線と Ⓑ の交点が損益分岐点です。 解答群　ア．売上高線　イ．総費用線　ウ．貢献利益線　エ．変動費線　オ．固定費線　カ．営業利益線　キ．純利益線　ク．準固定費線
2	借入など他人資本で資金を調達し、自己資本のみで事業をおこなうより、収益性を上げている場合を Ⓐ があるといいます。式で表すと Ⓑ の逆数になります。 解答群　ア．経営効率　イ．費用対効果　ウ．レバレッジ効果　エ．資金効率　オ．総資本回転率　カ．自己資本比率　キ．総資産回転率　ク．自己資本利益率(ROE)
3	買掛金の補助科目別残高一覧表において、ある仕入先の残高がマイナスとなる場合はどれか。 解答群　ア．支払入力漏れ　イ．当月仕入一部返品　ウ．支払二重入力　エ．支払入力時、他の仕入先指定　オ．仕入金額入力漏れ　カ．仕入二重入力　キ．相殺未処理　ク．仕入入力時、他の仕入先指定
4	下記のうち、製造費用に該当しないものはどれか。 解答群　ア．販売員給与　イ．賃金　ウ．機械減価償却費　エ．作業員賞与　オ．材料費　カ．作業員労災保険料　キ．試験研究費　ク．材料値引
5	現預金のデータ入力に際して、関連しない証ひょうは、どれか。 解答群　ア．領収証　イ．小切手　ウ．物品受領書　エ．請求書　オ．振込依頼票（控）　カ．預金通帳　キ．資金繰り表　ク．返済予定表

解答欄

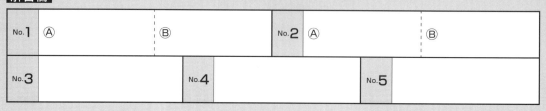

No.1	Ⓐ	Ⓑ	No.2	Ⓐ	Ⓑ
No.3		No.4		No.5	

問題2

株式会社マイヨール（以下「当社」という。）について、次の資料にしたがって、5月の必要な会計処理をおこない、下記の設問に答えなさい。

<資料>

1. 当社の概要

会社名	株式会社マイヨール		
会計期間	4月1日～翌3月31日	資本金	3,000万円
業種	精密機械の製造業	消費税	課税事業者（本則課税）、税抜経理方式

2. 4月分の取引及び5月分の取引のうち、一部の取引についてはすでに入力済みである。また、会計処理にあたっては、すでに入力済みの処理を参考にするとともに、新たな勘定科目や補助科目の追加はおこなわないものとする。
なお、5月分の取引ですでに入力が終了しているものは、次のとおりである。
(1) 4月分電話料金
(2) 次の4月分経費の総合振込による支払
4月分材料代、4月分外注加工費、4月分運送費、4月分従業員等立替金精算、4月分文具代
(3) インターネットバンキング手数料
(4) 4月分売掛金の回収
(5) 4月分給料
(6) 労働保険料支払
(7) 電気料金、水道料金、ガス料金の支払
(8) 5月分経費の未払計上
運送料、営業旅費、営業雑費、製造雑費、電話料金、文具代、電気料金、水道料金、ガス料金、労働保険料事業主負担額
(9) 5月分減価償却月割

3. 製品の販売について
顧客からの注文により、精密機械を製造販売している。売上高は、その月に完成・出荷したものを月末に計上している。販売代金は、翌月10日までに当社の普通預金口座に振込入金される。
製品の販売は、販売管理ソフトにより管理している。顧客ごとの売掛金管理は、販売管理ソフトでおこなっているため、売掛金勘定に補助科目を設けていない。
販売管理ソフトから出力した5月分の販売高合計は、次のとおりである。

集計期間	本月売上高	消費税額	本月請求額
5/1～5/31	5,770,228	577,022	6,347,250

4. 材料および外注加工費について

材料を仕入先から購入し、その加工を外注先に依頼している。材料購入額および外注加工費は、その月に購入または発生したものを月末に計上している。代金は、翌月10日までに同社の指定口座にインターネットバンキングを利用して総合振込をしている。

材料および外注加工費は、購買管理ソフトにより管理している。仕入先および外注先ごとの買掛金管理は購買管理ソフトでおこなっているため、買掛金勘定に補助科目を設けていない。

購買管理ソフトから出力した5月分の材料購入額および外注加工費発生額は次のとおりである。

区分	集計期間	購入・発生額	消費税額	合計額
材料購入額	5/1～5/31	859,091	85,909	945,000
外注加工費発生額	5/1～5/31	477,273	47,727	525,000
合　　計		1,336,364	133,636	1,470,000

5. 役員報酬・給料手当について

当社の給与計算期間は、毎月1日～月末であり、翌月15日にインターネットバンキングにより各従業員等の口座に振込んでいる。なお、毎月末に当月発生分の給料等を未払計上している。

●5月分の給与明細一覧表

摘　要	役員報酬	給　料	賃　金	合　計
役員報酬	600,000			600,000
基本給		590,000	549,600	1,139,600
諸手当			34,200	34,200
総支給額	600,000	590,000	583,800	1,773,800
健康保険料	34,072	29,910	26,320	90,302
厚生年金保険料	52,592	53,483	47,064	153,139
雇用保険料		2,950	2,919	5,869
所得税	25,390	11,620	10,740	47,750
住民税	26,000	38,700	28,600	93,300
控除額計	138,054	136,663	115,643	390,360
差引支給額	461,946	453,337	468,157	1,383,440

6. 法定福利費について

当社は、毎月末に当月分の健康保険料（介護保険料を含む）、厚生年金保険料の事業主負担額を未払計上している。事業主負担額は、役員及び従業員から預かる金額と同額とする。

7. その他の支払等について

その他の支払等については、次の普通預金通帳から判断して処理しなさい。なお、行頭に「*」の付してある取引については、すでに入力済みである。

普通預金

年月日	摘要	お支払金額		お預り金額	差引残高
×-5-01	繰越				6,338,952
×-5-10	税金等	48,190	※1		6,290,762
×-5-10	税金等	93,300	※2		6,197,462
*×-5-15	ｲﾝﾀｰﾈｯﾄ	1,390,264	※3		4,807,198
*×-5-18	電気	45,734			4,761,464
*×-5-23	電話	22,678			4,738,786
*×-5-23	水道	12,416			4,726,370
×-5-25	口座振替	89,000	※4		4,637,370
*×-5-25	税金等	432,400	※5		4,204,970
*×-5-25	ガス	8,475			4,196,495
*×-5-31	ｲﾝﾀｰﾈｯﾄ	2,318,964			1,877,531
×-5-31	税金等	201,300	※6		1,676,231
×-5-31	税金等	467,500	※7		1,208,731
*×-5-31	振込			4,610,000	5,818,731
*×-5-31	社会保険料	486,882	※8		5,331,849

※1：源泉所得税の納付額であり、4月中に支払った給与等（3月分給料等）から徴収したものである。

※2：住民税額の納付額であり、4月中に支払った給与等（3月分給料等）から徴収したものである。

※3：4月分の役員報酬および給料の支払額である。

※4：長期借入金の返済である。下記返済予定表を参照

借入金返済予定表

株式会社マイヨール様　　　　株式会社 XX銀行

融資金額	5,000,000円	利率	2.30%	融資日	xx/9/25
融資期間	5年	毎月返済額	89,000円		

返済日	返済額	元本	利息	残高
xx/4/25	89,000円	84,678円	4,322円	9,487,094円
xx/5/25	89,000円	84,977円	4,023円	9,412,961円

※5：労働保険料の支払である。

※6：前期確定法人税等の納付額である。同額を前期末決算において未払法人税等勘定に計上している。

※7：前期確定消費税の納付額である。同額を前期末決算において未払消費税等勘定に計上している。

※8：4月分の社会保険料の支払額である。

8. 月末在庫について

5月末の材料棚卸金額は、226,359円である。

摘要	製品B	製品D	製品E	合計
直接材料費	854,674	84,698	126,834	1,066,206
外注加工費	464,000	34,600	26,400	525,000
直接費計	1,318,674	119,298	153,234	1,591,206
製造間接費	1,874,121	14,300	12,006	1,900,427
当期製造費用	3,192,795	133,598	165,240	3,491,633
前月繰越額	325,860	256,351	120,257	702,468
製造原価	3,518,655	389,949	285,497	4,194,101
備考	当月完成出荷準備中	製作中	製作中	

模擬問題

設問 次の金額を答えなさい。

No.	問　題
1	現金預金合計の5月末残高
2	所得税預り金の5月末残高
3	仮払消費税の5月末残高
4	長期借入金の5月末残高
5	5月の資産合計
6	5月末の総売上高
7	5月末の期首材料棚卸高
8	5月末の賃金合計（製造費用）
9	5月末の法定福利費合計（販管費）
10	5月末の営業利益

解答欄

No.1	円	No.2	円
No.3	円	No.4	円
No.5	円	No.6	円
No.7	円	No.8	円
No.9	円	No.10	円

問題3

株式会社C商事の次の資料にしたがって、下記の設問に答えなさい。

＜資料＞

実績資金繰り表

（単位：千円）

月度			4月	5月	6月
前月現預金残高			2,164	6,306	7,012
経常収支	経常収入	現金売上	135	120	130
		売掛金回収	9,450	14,500	11,550
		手形回収	0	0	0
		受取利息	0	0	0
		その他の経常収入	0	0	0
		計	9,585	14,620	11,680
	経常支出	現金仕入	2,490	464	420
		買掛金支払	6,462	404	1,842
		支払手形決済	0	0	0
		人件費	5,600	5,600	9,080
		営業経費	860	440	320
		支払利息	67	66	66
		その他の経常支出	0	1,680	0
		計	15,479	8,654	11,728
	経常収支差額		▲5,894	5,966	▲48
その他の収支	その他の収入	借入金収入	2,000	0	0
		設備等売却収入	0	0	0
		その他	8,036	0	0
		計	10,036	0	0
	その他の支出	借入金返済	0	260	260
		設備等取得支出	0	0	5,000
		その他	0	5,000	0
		計	0	5,260	5,260
	その他の収支差額		10,036	▲5,260	▲5,260
当月収支差額			4,142	706	▲5,308
次月繰越現預金残高			6,306	7,012	1,704

＜留意事項＞

1. 当社の売上のほとんどは、掛け取引であり、掛け売上の回収サイクルは翌々月である。
2. 当社の掛け仕入は翌月支払である。
3. 3月の売上が月平均に比して大幅に増大したが、仕入も増大し過剰在庫を招いた。
4. 6月上旬の設備投資のため、手続きを進めた銀行借入5,000千円が4月に入金された。
5. 4月に定期預金が満期となり、8,036千円入金された。
6. 5月に1,680千円の税金の納付があった。
7. 5月に定期預金5,000千円を振り替えた。
8. 6月に夏季賞与を支給したため、人件費が増大している。

設問 株式会社C商事の資金の状況を説明した下記の各文章の空欄に最も適当と思われる語句を語群から選んで記号で答えなさい。

No.	問題および語群
1	4月の経常収支差額がマイナスとなった理由の1つは、［①］である。 解答群 ア．仕入高減少　イ．売掛金回収額減少　ウ．現金仕入増加　エ．買掛金支払増加 オ．売上高減少　カ．仕入高増加　キ．過剰在庫　ク．売上高増加
2	4月の当月収支差額がプラスになった最大の原因は［②］である。 解答群 ア．売上高増加　イ．売掛金回収　ウ．手形回収　エ．買掛金支払 オ．銀行借入　カ．在庫転売　キ．定期預金満期　ク．設備等売却
3	5月の経常収支差額がプラスとなった理由は、［③］の増加と［④］の減少である。 解答群 ア．売掛金回収(3月分)　イ．売掛金回収(4月分)　ウ．4月度売上高　エ．現金売上 オ．買掛金支払(3月分)　カ．買掛金支払(4月分)　キ．3月度仕入高　ク．現金仕入
4	5月の当月収支差額が他の月に比べ少なかった理由は、［⑤］と［⑥］である。 解答群 ア．税金支払　イ．定期預金振替　ウ．売掛金滞留　エ．借入金返済 オ．夏季賞与　カ．設備等取得　キ．営業経費増加　ク．売上減少
5	6月の当月収支差額がマイナスとなった理由は、［⑦］と［⑧］が原因である。 解答群 ア．借入金返済　イ．仕入増加　ウ．賞与の支払　エ．減資 オ．手形決済　カ．設備等取得　キ．税金の支払　ク．売上減少

解答欄

No.1	①	No.2	②	No.3	③　④
No.4	⑤　⑥	No.5	⑦　⑧		

2 D問題（株式会社カパルート）

問題 1

次の文章の空欄に最も適当と思われる語句を語群から選んで記号で答えなさい。

No.	問題および語群
1	期末商品に棚卸減耗が生じた場合、会計ソフトでは、［Ⓐ］の金額を［Ⓑ］として入力することで売上原価に含まれることになる。 解答群　ア．実地棚卸　イ．帳簿棚卸　ウ．棚卸減耗損　エ．棚卸差額　オ．期末製品棚卸高　カ．商品仕入高　キ．期末商品棚卸高　ク．他勘定振替高
2	工場建物の建設資金に関する借入金の利息は下記のどれに該当するか。 解答群　ア．標準原価　イ．製造原価　ウ．販売管理費　エ．製造間接費　オ．非原価項目　カ．製造経費　キ．製造直接費　ク．売上原価
3	会計ソフトと販売管理ソフトをともに利用していく場合、設定上関連する事項は、［　］と［　］である。 解答群　ア．得意先名　イ．得意先住所　ウ．得意先担当者　エ．入金口座　オ．締め日　カ．当月請求額　キ．入金予定日　ク．当月入金額
4	［Ⓐ］を［Ⓑ］に分解することで、損益分析点分析図表を使って損益分岐点を求めることができる。 解答群　ア．売上高　イ．原価　ウ．製造原価　エ．支出　オ．直接費と間接費　カ．変動費と固定費　キ．販売数量と販売単価　ク．販売管理費と製造経費
5	単位当たりの販売価格が800円、貢献利益が500円、固定費が200万円、販売数量が5,000個の場合、損益分岐点売上高は［Ⓐ］円であり、安全余裕率は［Ⓑ］%である。 解答群　ア．2,600,000　イ．3,200,000　ウ．3,600,000　エ．4,000,000　オ．10　カ．15　キ．20　ク．40

解答欄

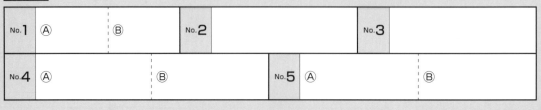

No.1	Ⓐ	Ⓑ	No.2		No.3		
No.4	Ⓐ	Ⓑ	No.5	Ⓐ	Ⓑ		

模擬問題

問題2

株式会社カパルート（以下「当社」という。）について、次の資料にしたがって、5月の必要な会計処理をおこない、下記の設問に答えなさい。

<資料>

1. 当社の概要

会社名	株式会社カパルート		
会計期間	4月1日～翌3月31日	資本金	2,000万円
業種	小型建設機械の製造	消費税	課税事業者(本則課税)、税抜経理方式

2. 4月分の取引及び5月分の取引のうち、一部の取引についてはすでに入力済みである。また、会計処理にあたっては、すでに入力済みの処理を参考にするとともに、新たな勘定科目や補助科目の追加はおこなわないものとする。
なお、5月分の取引ですでに入力が終了しているものは、次のとおりである。
(1) 4月分電話料金
(2) 次の4月分経費の総合振込による支払
4月分材料代、4月分外注加工費、4月分運送費、4月分従業員等立替金精算、4月分文具代
(3) インターネットバンキング手数料
(4) 4月分売掛金の回収
(5) 4月分給料
(6) 労働保険料支払
(7) 電気料金、水道料金、ガス料金の支払
(8) 5月分経費の未払計上
運送料、営業旅費、営業雑費、製造雑費、電話料金、文具代、電気料金、水道料金、ガス料金、労働保険料事業主負担額
(9) 5月分減価償却月割

3. 製品の販売について
顧客からの注文により、精密機械を製造販売している。売上高は、その月に完成・出荷したものを月末に計上している。販売代金は、翌月10日までに当社の普通預金口座に振込入金される。
製品の販売は、販売管理ソフトにより管理している。顧客ごとの売掛金管理は、販売管理ソフトでおこなっているため、売掛金勘定に補助科目を設けていない。
販売管理ソフトから出力した5月分の販売高合計は、次のとおりである。

集計期間	本月売上高	消費税額	本月請求額
5/1～5/31	15,081,819	1,508,181	16,590,000

4. 材料および外注加工費について

材料を仕入先から購入し、その加工を外注先に依頼している。材料購入額および外注加工費は、その月に購入または発生したものを月末に計上している。代金は、翌月10日までに同社の指定口座にインターネットバンキングを利用して総合振込をしている。

材料および外注加工費は、購買管理ソフトにより管理している。仕入先および外注先ごとの買掛金管理は購買管理ソフトでおこなっているため、買掛金勘定に補助科目を設けていない。

購買管理ソフトから出力した5月分の材料購入額および外注加工費発生額は次のとおりである。

区分	集計期間	購入・発生額	消費税額	合計額
材料購入額	5/1～5/31	4,123,637	412,363	4,536,000
外注加工費発生額	5/1～5/31	2,061,819	206,181	2,268,000
合　計		6,185,456	618,544	6,804,000

5. 役員報酬・給料手当について

当社の給与計算期間は、毎月1日～月末であり、翌月15日にインターネットバンキングにより各従業員等の口座に振込んでいる。なお、毎月末に当月発生分の給料等を未払計上している。

●5月分の給与明細一覧表

摘　要	役員報酬	給　料	賃　金	合　計
役員報酬	800,000			800,000
基本給		1,310,000	1,339,600	2,649,600
諸手当			72,400	72,400
総支給額	800,000	1,310,000	1,412,000	3,522,000
健康保険料	45,622	65,802	60,515	171,939
厚生年金保険料	55,266	117,662	108,211	281,139
雇用保険料		6,550	7,060	13,610
所得税	52,360	26,560	24,350	103,270
住民税	33,000	84,900	66,900	184,800
控除額計	186,248	301,474	267,036	754,758
差引支給額	613,752	1,008,526	1,144,964	2,767,242

6. 法定福利費について

当社は、毎月末に当月分の健康保険料（介護保険料を含む）、厚生年金保険料の事業主負担額を未払計上している。事業主負担額は、役員及び従業員から預かる金額と同額とする。

7. その他の支払等について

その他の支払等については、次の普通預金通帳から判断して処理しなさい。なお、行頭に「*」の付してある取引については、すでに入力済みである。

普通預金

年月日	摘要	お支払金額		お預り金額	差引残高
×-5-01	繰越				20,413,311
×-5-10	税金等	104,700	※1		20,308,611
×-5-10	税金等	184,800	※2		20,123,811
*×-5-15	ｲﾝﾀｰﾈｯﾄ	2,755,478	※3		17,368,333
*×-5-18	電気	596,428			16,771,905
*×-5-23	電話	312,486			16,459,419
*×-5-23	水道	29,134			16,430,285
×-5-25	口座振替	1,084,246	※4		15,346,039
*×-5-25	税金等	1,030,240	※5		14,315,799
*×-5-25	ガス	37,846			14,277,953
*×-5-31	ｲﾝﾀｰﾈｯﾄ	11,058,990			3,218,963
×-5-31	税金等	829,800	※6		2,389,163
×-5-31	税金等	1,273,500	※7		1,115,663
*×-5-31	振込			18,165,000	19,280,663
*×-5-31	社会保険料	906,156	※8		18,374,507

※1：源泉所得税の納付額であり、4月中に支払った給与等（3月分給料等）から徴収したものである。
※2：住民税額の納付額であり、4月中に支払った給与等（3月分給料等）から徴収したものである。
※3：4月分の役員報酬および給料の支払額である。
※4：長期借入金の返済である。下記返済予定表を参照

借入金返済予定表

株式会社カパルート様　　　　株式会社 XX銀行

融資金額	60,000,000円	元金均等方式		融資日	xx/5/25
融資期間	5年	利率	4.10%		

返済日	返済額	元本	利息	残高
xx/4/25	1,090,536円	1,000,000円	90,536円	25,000,000円
xx/5/25	1,084,246円	1,000,000円	84,246円	24,000,000円

※5：労働保険料の支払である。
※6：前期確定法人税等の納付額である。同額を前期末決算において未払法人税等勘定に計上している。
※7：前期確定消費税の納付額である。同額を前期末決算において未払消費税等勘定に計上している。
※8：4月分の社会保険料の支払額である。

8. 月末在庫について

5月末の材料棚卸金額は、1,113,000円である。

摘要	製品A	製品C	製品F	合計
直接材料費	3,645,230	756,200	554,570	4,956,000
外注加工費	1,623,520	362,080	282,400	2,268,000
直接費計	5,268,750	1,118,280	836,970	7,224,000
製造間接費	543,110	98,530	56,360	698,000
当期製造費用	5,811,860	1,216,810	893,330	7,922,000
前月繰越額	543,000	86,400	72,000	701,400
製造原価	6,354,860	1,303,210	965,330	8,623,400
備考	当月完成出荷準備中	製作中	製作中	

設問 次の金額を答えなさい。

No.	問題
1	売掛金の5月末残高
2	給料未払金の5月末残高
3	仮受消費税の5月末残高
4	長期借入金の5月末残高
5	5月の流動負債合計
6	5月末の材料仕入高
7	5月末の期首製品棚卸高
8	5月末の賃金合計(製造費用)
9	5月末の法定福利費合計(製造費用)
10	5月末の当期純利益

解答欄

No.1	円	No.2	円
No.3	円	No.4	円
No.5	円	No.6	円
No.7	円	No.8	円
No.9	円	No.10	円

問題3

株式会社D商事の次の資料にしたがって、下記の設問に答えなさい。

<資料>

実績資金繰り表

（単位：千円）

月 度			4月	5月	6月
前月現預金残高			3,500	4,200	9,460
経常収支	経常収入	現金売上	2,400	6,400	2,400
		売掛金回収	4,200	4,800	2,800
		手形回収	4,000	4,200	4,200
		受取利息	0	0	0
		その他の経常収入	0	0	0
		計	10,600	15,400	9,400
	経常支出	現金仕入	700	900	800
		買掛金支払	2,000	1,650	1,550
		支払手形決済	1,500	2,000	2,000
		人件費	4,600	4,600	6,800
		営業経費	2,100	2,100	2,100
		支払利息	0	90	88
		その他の経常支出	0	2,800	0
		計	10,900	14,140	13,338
	経常収支差額		▲300	1,260	▲3,938
その他の収支	その他の収入	借入金収入	0	10,000	0
		設備等売却収入	1,000	0	0
		その他	0	0	0
		計	1,000	10,000	0
	その他の支出	借入金返済	0	0	270
		設備等取得支出	0	6,000	4,000
		その他	0	0	0
		計	0	6,000	4,270
	その他の収支差額		1,000	4,000	▲4,270
当月収支差額			700	5,260	▲8,208
次月繰越現預金残高			4,200	9,460	1,252

<留意事項>

1. 当社の1月から6月までの月次売上金額は同額であり、月次仕入金額も同様である。
2. 当社の掛け売上は、翌月回収であり、50%預金口座振込、50%手形受領であり、受取手形のサイトは、90日である。
3. 当社の掛け仕入は、翌月支払であり、50%預金口座振込、50%手形振出であり、支払手形のサイトは、60日である。
4. 5月に10,000千円の銀行借入を実行し、設備投資をおこなった。
5. 5月に1,680千円の税金の納付があった。
6. 6月に賞与2,200千円の支給があった。

設 問 株式会社D商事の資金の状況を説明した下記の各文章の空欄に最も適当と思われる語句を語群から選んで記号で答えなさい。

No.	問題および語群
1	月次売上高は［①］、月次仕入高は［②］である。 **解答群** ア．9,400千円　イ．10,000千円　ウ．12,000千円　エ．15,400千円 オ．3,500千円　カ．4,000千円　キ．4,500千円　ク．5,000千円
2	経常収支差額のマイナスが最も多かった月は［③］であり、原因は［④］である。 **解答群** ア．3月　イ．4月　ウ．5月　エ．6月 オ．現金仕入　カ．買掛金支払　キ．支払手形決済　ク．賞与支払
3	経常収入のプラスが最も大きかった月は、［⑤］であり、［⑥］があったからである。 **解答群** ア．3月　イ．4月　ウ．5月　エ．6月 オ．現金売上の増加　カ．売掛金回収の増加　キ．手形回収の増加　ク．受取利息の発生
4	5月の次月繰越現金が他の月と比べて多かった大きな原因は、［⑦］と［⑧］があったからである。 **解答群** ア．買掛金支払の減少　イ．税金の支払　ウ．借入金収入　エ．設備等売却 オ．現金売上の増加　カ．現金仕入の減少　キ．手形回収の増加　ク．設備等取得支出
5	6月の次月繰越現預金が他の月と比べて最も少なかった原因は、［⑨］と［⑩］があったからである。 **解答群** ア．現金仕入　イ．賞与の支給　ウ．税金の支払　エ．借入金返済 オ．貸し倒れ　カ．手形不渡り　キ．支払手形決済　ク．設備等取得支出

解答欄

No.1	①	②	No.2	③	④	No.3	⑤	⑥
No.4	⑦	⑧	No.5	⑨	⑩			

解答

answer

1 第1章

問題1

No.1	① オ	No.2	② オ	No.3	③ イ
No.4	④ ウ	No.5	⑤ ア		

問題2

No.1	① イ	No.2	② エ	No.3	③ オ
No.4	④ イ	No.5	⑤ エ		

2 第2章

問題2

No.	日付	科目コード	借方科目	借方金額	科目コード	貸方科目	貸方金額	摘要
1	4/1	731	福利厚生費	14,600	100	現金	14,600	懇親会　〇〇苑
2	4/1	742	消耗品費	488	100	現金	488	日用雑貨
3	4/7	731	福利厚生費	1,880	100	現金	1,880	常備薬代　〇〇薬局
4	4/7	652	消耗品費	5,670	100	現金	5,670	工場消耗品
5	4/10	742	消耗品費	1,260	100	現金	1,260	日用雑貨
6	4/10	740	旅費交通費	500	100	現金	500	駐車料
7	4/10	652	消耗品費	2,430	100	現金	2,430	日用雑貨
8	4/10	704	交際費	30,000	100	現金	30,000	お祝金　㈱ミレー
9	4/11	742	消耗品費	2,550	100	現金	2,550	日用雑貨　やぎホームセンター
10	4/13	740	旅費交通費	300	100	現金	300	駐車料
11	4/15	741	通信費	170	100	現金	170	郵送料
12	4/18	740	旅費交通費	400	100	現金	400	駐車料
13	4/18	743	事務用品費	1,045	100	現金	1,045	文具代　㈱ブックル
14	4/19	742	消耗品費	2,980	100	現金	2,980	日用雑貨　やぎホームセンター
15	4/22	740	旅費交通費	300	100	現金	300	駐車料
16	4/25	648	福利厚生費	1,680	100	現金	1,680	常備薬代　〇〇薬局
17	4/25	743	事務用品費	4,880	100	現金	4,880	用紙代　㈱ビジネスサポ
18	4/25	740	旅費交通費	1,580	100	現金	1,580	タクシー代
19	4/26	748	新聞図書費	4,400	100	現金	4,400	書籍購読料
20	4/28	740	旅費交通費	300	100	現金	300	駐車料
21	4/30	741	通信費	240	100	現金	240	郵送料

問題3

No.	日付	科目コード	借方科目	借方金額	科目コード	貸方科目	貸方金額	摘要
22	4/3	744	水道光熱費	4,822	111/1	普通預金／門前町銀行	4,822	ガス代
23	4/5	741	通信費	15,761	111/1	普通預金／門前町銀行	15,761	電話代
24	4/8	741	通信費	2,160	111/1	普通預金／門前町銀行	2,160	FB手数料
25	4/8	754	諸会費	20,000	111/1	普通預金／門前町銀行	20,000	商工会　年会費
26	4/10	741	通信費	32,697	111/1	普通預金／門前町銀行	32,697	携帯電話料
27	4/10	315/5	未払金／クレジットカード	152,340	111/1	普通預金／門前町銀行	152,340	クレジットカード　決済引き落とし
28	4/21	662	電力料等	26,871	111/1	普通預金／門前町銀行	26,871	動力代
29	4/21	653	水道光熱費	8,065	111/1	普通預金／門前町銀行	8,065	電気代
30	4/22	741	通信費	4,800	111/1	普通預金／門前町銀行	4,800	インターネット接続
31	4/22	654	保険料	7,200	111/1	普通預金／門前町銀行	7,200	PL保険
32	4/25	100	現金	100,000	111/1	普通預金／門前町銀行	100,000	現金引き出し
33	4/27	745	保険料	18,600	111/1	普通預金／門前町銀行	18,600	自動車保険
34	4/28	744	水道光熱費	21,417	111/1	普通預金／門前町銀行	21,417	電気代
35	4/28	744	水道光熱費	6,153	111/1	普通預金／門前町銀行	6,153	水道代
36	4/28	751	地代家賃	40,000	111/1	普通預金／門前町銀行	40,000	駐車場代　振込
37	4/30	315/3	未払金／社会保険料	260,604	111/1	普通預金／門前町銀行	519,570	3月分社会保険料
		345/1	預り金／社会保険料	258,966				3月分社会保険料

問題4

No.	日付	科目コード	借方科目	借方金額	科目コード	貸方科目	貸方金額	摘要
38	4/10				110/1	当座預金／門前町銀行	131,360	【07026】源泉所得税、住民税納付
		345/3	預り金／源泉所得税	35,560				源泉所得税納付
		345/4	預り金／住民税	95,800				住民税納付
39	4/10	305/3	買掛金／パオロ工業㈱	115,500	110/1	当座預金／門前町銀行	115,500	【07027】パオロ工業㈱　2月分
40	4/30	315/1	未払金／㈱ワークワン	39,270	110/1	当座預金／門前町銀行	39,270	【07028】㈱ワークワン　3月分
41	4/30	315/2	未払金／長野梱包運輸㈱	30,660	110/1	当座預金／門前町銀行	30,660	【07029】長野梱包運輸　3月分
42	4/30				110/1	当座預金／門前町銀行	420,660	【07030】鈴木不動産　振込
		751	地代家賃	148,500				本社家賃　5月分
		659	地代家賃	272,160				工場家賃　5月分
43	4/30	111/1	普通預金／門前町銀行	2,200,000	110/1	当座預金／門前町銀行	2,200,000	【07031】預金振替
44	4/5	110/1	当座預金／門前町銀行	395,642	130	受取手形	395,642	手形取立　㈱ミレー
45	4/15	114	定期積金	50,000	110/1	当座預金／門前町銀行	50,000	積金　振替
46	4/20	110/1	当座預金／門前町銀行	2,156,259	135/2	売掛金／㈱レンブラント	2,156,259	㈱レンブラント　振込　2月分
47	4/25	310	短期借入金	163,698	110/1	当座預金／門前町銀行	180,000	借入返済
		830	支払利息	16,302				借入利息
48	4/30	110/1	当座預金／門前町銀行	908,670	100	現金	908,670	小切手預け入れ

問題5

No.	日付	科目コード	借方科目	借方金額	科目コード	貸方科目	貸方金額	摘要
49	4/25	130	受取手形	670,845	135/1	売掛金／㈱ミレー	670,845	㈱ミレー　手形受領　期日7/5
		130	受取手形	641,235	135/1	売掛金／㈱ミレー	641,235	㈱ミレー　手形受領　期日7/5
		130	受取手形	412,545	135/1	売掛金／㈱ミレー	412,545	㈱ミレー　手形受領　期日7/5
50	4/30	100	現金	908,670	135/3	売掛金／㈱クールベ	908,670	㈱クールベ　小切手受領　3月分

問題6

No.	日付	科目コード	借方科目	借方金額	科目コード	貸方科目	貸方金額	摘要
51	4/30	135/1	売掛金／㈱ミレー	1,925,910	500	売上高	1,925,910	㈱ミレー　当月分売上
52	4/30	135/2	売掛金／㈱レンブラント	2,295,846	500	売上高	2,295,846	㈱レンブラント　当月分売上
53	4/30	135/3	売掛金／㈱クールベ	1,683,654	500	売上高	1,683,654	㈱クールベ　当月分売上

問題7

No.	日付	科目コード	借方科目	借方金額	科目コード	貸方科目	貸方金額	摘要
54	4/10	305/1	買掛金／アミアン工業㈱	789,495	130	受取手形	789,495	手形裏書　期日6/5
55	4/10	305/2	買掛金／イサク工業㈱	652,155	130	受取手形	652,155	手形裏書　期日6/5

問題8

No.	日付	科目コード	借方科目	借方金額	科目コード	貸方科目	貸方金額	摘要
56	4/30	630	材料仕入高	957,285	305/1	買掛金／アミアン工業㈱	957,285	アミアン工業㈱　当月分仕入
57	4/30	630	材料仕入高	508,095	305/2	買掛金／イサク工業㈱	508,095	イサク工業㈱　当月分仕入
58	4/30	680	外注加工費	340,410	305/3	買掛金／パオロ工業㈱	340,410	パオロ工業㈱　当月分仕入

問題9

No.	日付	科目コード	借方科目	借方金額	科目コード	貸方科目	貸方金額	摘要
59	4/30	652	消耗品費	15,015	315/1	未払金／㈱ワークワン	15,015	㈱ワークワン　当月分購入額
60	4/30	700	運賃	28,980	315/2	未払金／長野梱包運輸㈱	28,980	長野梱包運輸㈱　当月分

問題10

No.	日付	科目コード	借方科目	借方金額	科目コード	貸方科目	貸方金額	摘要
61	4/8	704	交際費	22,000	315/5	未払金／クレジットカード	22,000	得意先接待ゴルフ代　大山ＣＣ
62	4/14	704	交際費	18,000	315/5	未払金／クレジットカード	18,000	得意先接待飲食代　ビストロジャーマン
63	4/30	742	消耗品費	38,641	315/5	未払金／クレジットカード	38,641	ガソリン代　当月分
64	4/30	740	旅費交通費	24,655	315/5	未払金／クレジットカード	24,655	通行料　ＥＴＣ当月分

問題11

No.	日付	科目コード	借方科目	借方金額	科目コード	貸方科目	貸方金額	摘要
65	4/27	720	役員報酬	500,000				当月分報酬
		721	給料手当	580,000				当月分給料
		641	賃金	696,650				当月分賃金
					345/1	預り金／社会保険料	258,966	社会保険料預り
					345/2	預り金／雇用保険料	6,383	雇用保険料預り
					345/3	預り金／源泉所得税	34,290	源泉所得税預り
					345/4	預り金／住民税	95,800	住民税預り
					111/1	普通預金／門前町銀行	1,381,211	当月分給料振込

問題12

No.	日付	科目コード	借方科目	借方金額	科目コード	貸方科目	貸方金額	摘要
66	4/30	730	法定福利費	100,705				4月分社会保険料
		647	法定福利費	159,899				4月分社会保険料
					315/3	未払金／社会保険料	260,604	4月分社会保険料

問題13

No.	日付	科目コード	借方科目	借方金額	科目コード	貸方科目	貸方金額	摘要
67	4/30	620	期首材料棚卸高	1,295,070	162	原材料及び貯蔵品	1,295,070	期首材料棚卸　振替
		162	原材料及び貯蔵品	972,300	635	期末材料棚卸高	972,300	当月末材料棚卸　振替
		600	期首商品及び製品棚卸高	1,100,463	160	商品及び製品	1,100,463	期首製品棚卸　振替
		160	商品及び製品	920,367	614	期末商品及び製品棚卸高	920,367	当月末製品棚卸　振替

問題14

No.	日付	科目コード	借方科目	借方金額	科目コード	貸方科目	貸方金額	摘要
68	4/30	666	減価償却費	43,379	230	減価償却累計額	54,862	当月償却額
		760	減価償却費	11,483				当月償却額

問題15

銀行勘定調整表

当座預金残高		1,091,146
加算調整事項		
① No.07028 ㈱ワークワン	39,270	
② No.07029 ㈱長野梱包運輸	30,660	69,930
③		
④		
減算調整事項		
①		
②		
③		
④		
調整後残高(銀行残高証明書金額)		1,161,076

4月末勘定残高

勘定名	残高
現金	140,929
売掛金－㈱ミレー	1,925,910
原材料及び貯蔵品	972,300
買掛金－アミアン工業㈱	1,628,130
未払金－㈱ワークワン	15,015
未払金－社会保険料	260,604
預り金－源泉所得税	34,290
[製造]賃金	696,650
[製造]法定福利費	102,775
[製造]保険料	7,200
交際費	70,000
地代家賃	188,500
支払利息	16,302
当期純利益	633,286

問題16

No.	日付	科目コード	借方科目	借方金額	科目コード	貸方科目	貸方金額	摘要
1	5/1	740	旅費交通費	300	100	現金	300	駐車料
2	5/6	740	旅費交通費	500	100	現金	500	駐車料
3	5/7	704	交際費	3,150	100	現金	3,150	お土産代　風雲堂
4	5/8	648	福利厚生費	1,580	100	現金	1,580	コーヒー代等
5	5/11	742	消耗品費	376	100	現金	376	日用雑貨
6	5/12	740	旅費交通費	800	100	現金	800	駐車料
7	5/12	743	事務用品費	17,010	100	現金	17,010	トナー代　㈱ビジネスサポ
8	5/13	757	租税公課	2,000	100	現金	2,000	印紙10枚
9	5/13	740	旅費交通費	1,260	100	現金	1,260	タクシー代
10	5/15	741	通信費	340	100	現金	340	郵送料
11	5/15	742	消耗品費	3,460	100	現金	3,460	日用雑貨　やぎホームセンター
12	5/18	740	旅費交通費	400	100	現金	400	駐車料
13	5/18	754	諸会費	1,500	100	現金	1,500	町内会費　４～６月分
14	5/19	652	消耗品費	7,665	100	現金	7,665	ホームセンター
15	5/21	742	消耗品費	1,600	100	現金	1,600	日用雑貨
16	5/23	740	旅費交通費	300	100	現金	300	駐車料
17	5/24	742	消耗品費	2,870	100	現金	2,870	日用雑貨　やぎホームセンター
18	5/25	746	修繕費	14,000	100	現金	14,000	窓ガラス交換　㈱ヒカリガラス
19	5/26	743	事務用品費	2,320	100	現金	2,320	文具代　㈱ブックル
20	5/28	740	旅費交通費	300	100	現金	300	駐車料
21	5/29	757	租税公課	84,500	100	現金	84,500	自動車税2件
22	5/30	748	新聞図書費	4,400	100	現金	4,400	書籍購読料
23	5/31	741	通信費	320	100	現金	320	郵送料
24	5/31	740	旅費交通費	300	100	現金	300	駐車料

問題17

No.	日付	科目コード	借方科目	借方金額	科目コード	貸方科目	貸方金額	摘要
25	5/5	741	通信費	14,952	111/1	普通預金／門前町銀行	14,952	電話代
26	5/6	744	水道光熱費	4,685	111/1	普通預金／門前町銀行	4,685	ガス代
27	5/8	741	通信費	2,160	111/1	普通預金／門前町銀行	2,160	ＦＢ手数料
28	5/10	741	通信費	34,164	111/1	普通預金／門前町銀行	34,164	携帯電話料
29	5/10	315/5	未払金／クレジットカード	149,363	111/1	普通預金／門前町銀行	149,363	クレジットカード　決済引き落とし
30	5/21	662	電力料等	25,496	111/1	普通預金／門前町銀行	25,496	動力代
31	5/21	653	水道光熱費	7,426	111/1	普通預金／門前町銀行	7,426	電気代
32	5/22	741	通信費	4,800	111/1	普通預金／門前町銀行	4,800	インターネット接続
33	5/22	654	保険料	7,200	111/1	普通預金／門前町銀行	7,200	ＰＬ保険
34	5/27	745	保険料	18,600	111/1	普通預金／門前町銀行	18,600	自動車保険
35	5/28	744	水道光熱費	21,540	111/1	普通預金／門前町銀行	21,540	電気代
36	5/29	100	現金	100,000	111/1	普通預金／門前町銀行	100,000	現金引き出し
37	5/30	751	地代家賃	40,000	111/1	普通預金／門前町銀行	40,000	駐車場　振込
38	5/31	315/3	未払金／社会保険料	260,604	111/1	普通預金／門前町銀行	519,570	4月分社会保険料
		345/1	預り金／社会保険料	258,966				4月分社会保険料

問題18

No.	日付	科目コード	借方科目	借方金額	科目コード	貸方科目	貸方金額	摘要
39	5/10				110/1	当座預金／門前町銀行	130,090	【07032】所得税、住民税納付
		345/3	預り金／源泉所得税	34,290				源泉所得税　4月分納付
		345/4	預り金／住民税	95,800				住民税　4月分納付
40	5/10	305/3	買掛金／パオロ工業㈱	384,510	110/1	当座預金／門前町銀行	384,510	【07033】パオロ工業㈱　3月分
41	5/22	730	法定福利費	124,450				労災保険料　概算申告額
		647	法定福利費	64,290				労災保険料　概算申告額
		730	法定福利費	105,774				雇用保険料　概算申告額　会社負担額
		647	法定福利費	54,655				雇用保険料　概算申告額　会社負担額
		180/1	立替金／雇用保険料	94,370				雇用保険料　概算申告額　従業員負担額
		315/4	未払金/労働保険料	10,058				前年度概算差額
					110/1	当座預金／門前町銀行	157,905	【07034】労働保険料　第1期
					315/4	未払金／労働保険料	147,846	労働保険料　第2期
					315/4	未払金／労働保険料	147,846	労働保険料　第3期
42	5/30	320	未払法人税等	242,000	110/1	当座預金／門前町銀行	1,272,000	【07035】法人税等　納付
		331	未払消費税	863,200				法人消費税　納付
		320	未払法人税等	166,800				法人県民税・市民税　納付
43	5/30				110/1	当座預金／門前町銀行	420,660	【07036】家賃振込
		751	地代家賃	148,500				本社家賃　振込
		659	地代家賃	272,160				工場家賃　振込
44	5/31	315/1	未払金／㈱ワークワン	15,015	110/1	当座預金／門前町銀行	15,015	【07037】㈱ワークワン　4月分
45	5/31	315/2	未払金／長野梱包運輸㈱	28,980	110/1	当座預金／門前町銀行	28,980	【07038】長野梱包運送㈱　4月分
46	5/31	111/1	普通預金／門前町銀行	1,000,000	110/1	当座預金／門前町銀行	1,000,000	【07039】預金振替
47	5/5	110/1	当座預金／門前町銀行	575,468	130	受取手形	575,468	手形取立　㈱ミレー
48	5/15	114	定期積金	50,000	110/1	当座預金／門前町銀行	50,000	積立　振替
49	5/20	110/1	当座預金／門前町銀行	1,930,330	135/2	売掛金／㈱レンブラント	1,930,330	㈱レンブラント　振込
50	5/22	110/1	当座預金／門前町銀行	600,240	114	定期積金	600,000	積金満期　振替
		757	租税公課	60	820	雑収入	300	積金満期　振替
51	5/25	310	短期借入金	164,587	110/1	当座預金／門前町銀行	180,000	借入返済
		830	支払利息	15,413				借入返済
52	5/31	110/1	当座預金／門前町銀行	1,683,654	100	現金	1,683,654	小切手預け入れ

問題19

No.	日付	科目コード	借方科目	借方金額	科目コード	貸方科目	貸方金額	摘要
53	5/25	130	受取手形	957,285	135/1	売掛金／㈱ミレー	1,925,910	手形受領　期日8/5
		130	受取手形	319,095				手形受領　期日8/5
		130	受取手形	649,530				手形受領　期日8/5
54	5/31	100	現金	1,683,654	135/3	売掛金／㈱クールベ	1,683,654	㈱クールベ　小切手受領　4月分

問題20

No.	日付	科目コード	借方科目	借方金額	科目コード	貸方科目	貸方金額	摘要
55	5/31	135/1	売掛金／㈱ミレー	1,714,440	500	売上高	1,714,440	㈱ミレー　当月分売上
56	5/31	135/2	売掛金／㈱レンブラント	2,140,393	500	売上高	2,140,393	㈱レンブラント　当月分売上
57	5/31	135/3	売掛金／㈱クールベ	1,438,132	500	売上高	1,438,132	㈱クールベ　当月分売上

問題21

No.	日付	科目コード	借方科目	借方金額	科目コード	貸方科目	貸方金額	摘要
58	5/10	305/1	買掛金／アミアン工業㈱	670,845	130	受取手形	670,845	手形裏書　期日7/5
59	5/10	305/2	買掛金／イサク工業㈱	641,235	130	受取手形	641,235	手形裏書　期日7/5

問題22

No.	日付	科目コード	借方科目	借方金額	科目コード	貸方科目	貸方金額	摘要
60	5/31	630	材料仕入高	783,300	305/1	買掛金／アミアン工業㈱	783,300	アミアン工業㈱　当月分仕入
61	5/31	630	材料仕入高	342,720	305/2	買掛金／イサク工業㈱	342,720	イサク工業㈱　当月分仕入
62	5/31	680	外注加工費	290,640	305/3	買掛金／パオロ工業㈱	290,640	パオロ工業　当月分外注費

問題23

No.	日付	科目コード	借方科目	借方金額	科目コード	貸方科目	貸方金額	摘要
63	5/31	652	消耗品費	25,515	315/1	未払金／㈱ワークワン	25,515	㈱ワークワン　当月分
64	5/31	700	運賃	34,860	315/2	未払金／長野梱包運輸㈱	34,860	長野梱包運輸㈱　当月分

問題24

No.	日付	科目コード	借方科目	借方金額	科目コード	貸方科目	貸方金額	摘要
65	5/12	704	交際費	24,500	315/5	未払金／クレジットカード	24,500	得意先接待ゴルフ代　ミントンＣＣ
66	5/19	704	交際費	36,000	315/5	未払金／クレジットカード	36,000	得意先接待飲食代　クラブ御苑
67	5/31	742	消耗品費	35,176	315/5	未払金／クレジットカード	35,176	ガソリン代　当月分
68	5/31	740	旅費交通費	22,665	315/5	未払金／クレジットカード	22,665	通行料　ＥＴＣ当月分

問題25

No.	日付	科目コード	借方科目	借方金額	科目コード	貸方科目	貸方金額	摘要
69	5/27	720	役員報酬	500,000				当月分報酬
		721	給料手当	580,000				当月分給料
		641	賃金	681,200				当月分賃金
					345/1	預り金／社会保険料	258,966	社会保険料預り
					345/2	預り金／雇用保険料	6,306	雇用保険料預り
					345/3	預り金／源泉所得税	33,440	源泉所得税預り
					345/4	預り金／住民税	95,800	住民税預り
					111/1	普通預金／門前町銀行	1,366,688	当月分給料　振込

問題26

No.	日付	科目コード	借方科目	借方金額	科目コード	貸方科目	貸方金額	摘要
70	5/31	730	法定福利費	100,705				5月分社会保険料
		647	法定福利費	159,899				5月分社会保険料
					315/3	未払金／社会保険料	260,604	5月分社会保険料

問題27

No.	日付	科目コード	借方科目	借方金額	科目コード	貸方科目	貸方金額	摘要
71	5/31	635	期末材料棚卸高	972,300	162	原材料及び貯蔵品	972,300	前月末材料棚卸　振替
		162	原材料及び貯蔵品	382,725	635	期末材料棚卸高	382,725	当月末材料棚卸　振替
		614	期末商品及び製品棚卸高	920,367	160	商品及び製品	920,367	前月末製品棚卸　振替
		160	商品及び製品	876,603	614	期末商品及び製品棚卸高	876,603	当月末製品棚卸　振替

問題28

No.	日付	科目コード	借方科目	借方金額	科目コード	貸方科目	貸方金額	摘要
72	5/31	666	減価償却費	43,379	230	減価償却累計額	54,862	当月償却額
		760	減価償却費	11,483				当月償却額

問題29

銀行勘定調整表

当座預金残高		2,241,678
加算調整事項		
①		
② No.07037 ㈱ワークワン	15,015	
③ No.07038 長野梱包運輸㈱	28,980	43,995
④		
減算調整事項		
①		
②		
③		
④		
調整後残高(銀行残高証明書金額)		2,285,673

5月末勘定残高

勘定名	残高
現金	89,678
売掛金－㈱レンブラント	4,436,239
原材料及び貯蔵品	382,725
買掛金－イサク工業㈱	851,715
未払金－㈱長野梱包運輸	34,860
未払金－社会保険料	260,604
未払消費税	0
預り金－源泉所得税	33,440
[製造]賃金	1,377,850
[製造]法定福利費	435,774
[製造]保険料	14,400
交際費	133,650
地代家賃	377,000
支払利息	31,715
当期純利益	503,594

解答

問題30

設問1

区　分		当座預金帳簿残高	残高証明書残高
調整前残高		3,574,517	4,394,987
加算			
	合計	0	0
減算	No.103732　㈱オフィスサプライ		145,530
	No.103733　㈱大黒運輸		674,940
	合計	0	820,470
調整後残高		3,574,517	3,574,517

設問2

勘　定　名	残　高
現金	474,172
売掛金－㈱ブルトン	6,930,000
原材料及び貯蔵品	1,730,400
買掛金－ケルン㈱	3,360,000
未払金－㈱オフィスサプライ	219,825
未払金－社会保険料	777,409
未払消費税	2,485,000
預り金－源泉所得税	202,500
[製造]賃金	2,276,200
[製造]法定福利費	328,842
[製造]保険料	24,300
交際費	122,600
地代家賃	615,600
支払利息	99,732
当期純利益	4,381,225

■仕訳解答例

No.	日付	科目コード	借方科目	借方金額	科目コード	貸方科目	貸方金額	摘要
1	4月10日				110/1	当座預金/城下町銀行	473,280	【103728】源泉所得税、住民税　納付
		345/3	預り金/源泉所得税	199,380				源泉所得税　納付
		345/4	預り金/住民税	273,900				住民税　納付
2	4月10日	305/1	買掛金/ケルン工業㈱	1,701,000	110/1	当座預金/城下町銀行	861,000	【103729】ケルン工業　2月分
					130	受取手形	840,000	手形裏書　ケルン工業
3	4月10日	305/2	買掛金/シャルトル工業㈱	924,000	110/1	当座預金/城下町銀行	924,000	【103730】シャトル工業　2月分
4	4月10日	305/3	買掛金/カンタベリー工業㈱	1,081,500	110/1	当座預金/城下町銀行	1,081,500	【103731】カンタベリー工業　2月分
5	4月15日	114	定期積金	300,000	110/1	当座預金/城下町銀行	300,000	積金　振替

No.	日付	科目コード	借方科目	借方金額	科目コード	貸方科目	貸方金額	摘要
6	4月20日	110/1	当座預金/城下町銀行	2,940,000	135/2	売掛金/㈱ブルトン	2,940,000	㈱ブルトン　振込
7	4月20日	110/1	当座預金/城下町銀行	10,185,000	135/3	売掛金/㈱ルーベンス	10,185,000	㈱ルーベンス　振込
8	4月25日	310	短期借入金	820,268	110/1	当座預金/城下町銀行	920,000	借入返済　第43回
		830	支払利息	99,732				借入利息
9	4月30日	315/1	未払金/㈱オフィスサプライ	145,530	110/1	当座預金/城下町銀行	145,530	【103732】㈱オフィスサプライ　3月分
10	4月30日	315/2	未払金/㈱大黒運輸	674,940	110/1	当座預金/城下町銀行	674,940	【103733】㈱大黒運輸　3月分
11	4月30日				110/1	当座預金/城下町銀行	1,296,000	【103734】森田興産　5月分家賃振込
		659	地代家賃	756,000				森田興産　5月分家賃振込
		751	地代家賃	540,000				森田興産　5月分家賃振込
12	4月30日	111/1	普通預金/城下町銀行	7,000,000	110/1	当座預金/城下町銀行	7,000,000	【103735】預金振替
13	4月3日	744	水道光熱費	7,982	111/1	普通預金/城下町銀行	7,982	ガス代　口座振替
14	4月5日	741	通信費	46,315	111/1	普通預金/城下町銀行	46,315	電話代　口座振替
15	4月8日	753	支払手数料	2,200	111/1	普通預金/城下町銀行	2,200	ＦＢ手数料
16	4月10日	741	通信費	79,642	111/1	普通預金/城下町銀行	79,642	携帯電話料
17	4月10日	315/5	未払金/クレジットカード	168,966	111/1	普通預金/城下町銀行	168,966	クレジットカード　決済引落し
18	4月20日	768	支払リース料	57,600	111/1	普通預金/城下町銀行	57,600	コピー機リース代
19	4月21日	662	電力料等	92,791	111/1	普通預金/城下町銀行	92,791	動力代
20	4月21日	653	水道光熱費	13,843	111/1	普通預金/城下町銀行	13,843	電気代
21	4月22日	654	保険料	24,300	111/1	普通預金/城下町銀行	24,300	PL保険
22	4月25日	100	現金	100,000	111/1	普通預金/城下町銀行	100,000	引き出し
23	4月27日	745	保険料	28,000	111/1	普通預金/城下町銀行	28,000	自動車保険
24	4月28日	744	水道光熱費	55,850	111/1	普通預金/城下町銀行	55,850	電気代
25	4月28日	744	水道光熱費	17,354	111/1	普通預金/城下町銀行	17,354	水道代
26	4月28日	751	地代家賃	75,600	111/1	普通預金/城下町銀行	75,600	月極駐車場代　振込　5月分　吉沢エステート㈱
27	4月30日	720	役員報酬	2,090,000	111/1	普通預金/城下町銀行	4,510,845	当月分給料
		721	給料手当	1,218,000	345/1	預り金/社会保険料	769,285	当月分給料
		641	賃金	2,276,200	345/2	預り金/雇用保険料	17,470	当月分給料
		740	旅費交通費	69,400	345/3	預り金/源泉所得税	202,500	当月分給料
		650	旅費交通費	120,400	345/4	預り金/住民税	273,900	当月分給料
28	4月30日	730	法定福利費	448,567	315/3	未払金/社会保険料	777,409	4月分社会保険料
		647	法定福利費	328,842				4月分社会保険料
29	4月30日	345/1	預り金/社会保険料	769,285	111/1	普通預金/城下町銀行	1,546,694	3月分社会保険料
		315/3	未払金/社会保険料	777,409				3月分社会保険料
30	4月2日	740	旅費交通費	2,460	100	現金	2,460	タクシー代
31	4月2日	741	通信費	270	100	現金	270	郵送料
32	4月3日	648	福利厚生費	3,780	100	現金	3,780	お茶代　遠藤茶舗
33	4月3日	740	旅費交通費	900	100	現金	900	駐車料
34	4月4日	704	交際費	8,800	100	現金	8,800	接待飲食代　〇〇苑
35	4月6日	731	福利厚生費	1,580	100	現金	1,580	お茶菓子代　和菓子〇〇庵
36	4月6日	648	福利厚生費	4,410	100	現金	4,410	薬代　〇〇薬局
37	4月7日	731	福利厚生費	862	100	現金	862	薬代　〇〇薬局
38	4月10日	648	福利厚生費	2,440	100	現金	2,440	お茶代　遠藤茶舗
39	4月10日	740	旅費交通費	1,200	100	現金	1,200	駐車料
40	4月11日	742	消耗品費	4,160	100	現金	4,160	日用雑貨　やぎホームセンター
41	4月13日	740	旅費交通費	1,800	100	現金	1,800	駐車料
42	4月13日	740	旅費交通費	1,600	100	現金	1,600	駐車料
43	4月18日	740	旅費交通費	2,600	100	現金	2,600	駐車料
44	4月22日	740	旅費交通費	800	100	現金	800	駐車料
45	4月23日	704	交際費	12,500	100	現金	12,500	接待飲食代　ビストロチッタ
46	4月26日	742	消耗品費	3,990	100	現金	3,990	日用雑貨　やぎホームセンター
47	4月26日	757	租税公課	1,000	100	現金	1,000	印紙代　5枚
48	4月26日	748	新聞図書費	8,650	100	現金	8,650	書籍購読料　令和書房

No.	日付	科目コード	借方科目	借方金額	科目コード	貸方科目	貸方金額	摘要
49	4月28日	740	旅費交通費	900	100	現金	900	駐車料
50	4月30日	741	通信費	80	100	現金	80	郵送料
51	4月2日	704	交際費	64,500	315/5	未払金/クレジットカード	64,500	接待飲食代　和食佐須賀
52	4月9日	704	交際費	36,800	315/5	未払金/クレジットカード	36,800	接待飲食代　すし白川
53	4月30日	740	旅費交通費	82,655	315/5	未払金/クレジットカード	82,655	通行料　ETC当月分
54	4月30日	742	消耗品費	138,670	315/5	未払金/クレジットカード	138,670	ガソリン代　太陽石油
55	4月30日	630	材料仕入高	1,312,500	305/1	買掛金/ケルン工業㈱	1,312,500	ケルン工業㈱　当月分
		630	材料仕入高	903,000	305/2	買掛金/シャルトルエ業㈱	903,000	シャルトル工業㈱　当月分
		680	外注加工費	808,500	305/3	買掛金/カンタベリー工業㈱	808,500	カンタベリー工業㈱　当月分
		743	事務用品費	219,825	315/1	未払金/㈱オフィスサプライ	219,825	㈱オフィスサプライ　当月分
		700	運賃	454,440	315/2	未払金/㈱大黒運輸	454,440	㈱大黒運輸　当月分
56	4月30日	135/1	売掛金/㈱ジュール	2,415,000	500	売上高	2,415,000	㈱ジュール　当月分売上
		135/2	売掛金/㈱ブルトン	3,570,000	500	売上高	3,570,000	㈱ブルトン　当月分売上
		135/3	売掛金/㈱ルーベンス	11,025,000	500	売上高	11,025,000	㈱ルーベンス　当月分売上
57	4月25日	130	受取手形	730,000	135/1	売掛金/㈱ジュール	730,000	㈱ジュール　手形受領　期日6/25
		130	受取手形	740,000	135/1	売掛金/㈱ジュール	740,000	㈱ジュール　手形受領　期日6/25
58	4月30日	600	期首商品及び製品棚卸高	8,662,500	160	商品及び製品	8,662,500	前期末棚卸　振替
		620	期首材料棚卸高	1,934,100	162	原材料及び貯蔵品	1,934,100	前期末棚卸　振替
		160	商品及び製品	9,240,000	614	期末商品及び製品棚卸高	9,240,000	当月末棚卸　振替
		162	原材料及び貯蔵品	1,730,400	635	期末材料棚卸高	1,730,400	当月末棚卸　振替
59	4月30日	666	減価償却費	440,445	230	減価償却累計額	440,445	当月分減価償却費
		760	減価償却費	27,840	230	減価償却累計額	27,840	当月分減価償却費

問題31

設問1

区　分		当座預金帳簿残高	残高証明書残高
調整前残高		4,030,874	4,705,139
加算			
	合計	0	0
減算	No.103744　㈱オフィスサプライ		219,825
	No.103745　㈱大黒運輸		454,440
	合計	0	674,265
調整後残高		4,030,874	4,030,874

設問2

勘　定　名	残　高
現金	308,012
売掛金－㈱ジュール	2,730,000
原材料	1,190,700
買掛金－シャルトル工業㈱	1,963,500
未払金－大黒運輸㈱	355,572
未払金－社会保険料	777,409
未払消費税	0
預り金－源泉所得税	197,960
[製造]賃金	4,456,550
[製造]法定福利費	1,193,444
[製造]保険料	48,600
交際費	236,520
地代家賃	1,231,200
支払利息	194,562
当期純利益	3,570,396

■仕訳解答例

No.	日付	科目コード	借方科目	借方金額	科目コード	貸方科目	貸方金額	摘要
1	5月10日					当座預金/城下町銀行	476,400	【103736】源泉所得税、住民税　納付
		345/3	預り金/源泉所得税	202,500				源泉所得税　納付
		345/4	預り金/住民税	273,900				住民税　納付
2	5月10日	305/1	買掛金/ケルン工業㈱	2,047,500	110/1	当座預金/城下町銀行	1,317,500	【103737】ケルン工業　3月分
					130	受取手形	730,000	手形裏書　ケルン工業
3	5月10日	305/2	買掛金/シャルトル工業㈱	1,365,000	110/1	当座預金/城下町銀行	625,000	【103738】シャルトル工業　3月分
					130	受取手形	740,000	手形裏書　シャルトル工業
4	5月10日	350/3	買掛金/カンタベリー工業	1,533,000	110/1	当座預金/城下町銀行	693,000	【03739】カンタベリー工業　3月分
					130	受取手形	840,000	手形裏書　カンタベリー工業

No.	日付	科目コード	借方科目	借方金額	科目コード	貸方科目	貸方金額	摘要
5	5月15日	114	定期積金	300,000	110/1	当座預金/城下町銀行	300,000	積金　振替
6	5月20日	110/1	当座預金/城下町銀行	3,360,000	135/2	売掛金/㈱ブルトン	3,360,000	㈱ブルトン　振込
7	5月20日	110/1	当座預金/城下町銀行	11,445,000	135/3	売掛金/㈱ルーベンス	11,445,000	㈱ルーベンス　振込
8	5月22日	110/1	当座預金/城下町銀行	3,620,140	114	定期積金	3,600,000	積金　満期振替
		757	租税公課	5,035	820	雑収入	25,175	積金　満期振替
9	5月25日	310	短期借入金	825,170	110/1	当座預金/城下町銀行	920,000	借入返済　第44回
		830	支払利息	94,830				借入利息
10	5月25日	730	法定福利費	191,200				労災保険料　概算申告分　会社負担額
		647	法定福利費	289,600				労災保険料　概算申告分　会社負担額
		730	法定福利費	162,520				雇用保険料　概算申告分　会社負担額
		647	法定福利費	246,160				雇用保険料　概算申告分　会社負担額
		180/1	立替金/雇用保険料	240,400				雇用保険料　概算申告分　従業員負担額
		315/4	未払金/労働保険料	24,390				労働保険料　前期分
					110/1	当座預金/城下町銀行	401,018	【103740】労働保険料　第1期
					315/4	未払金/労働保険料	376,626	労働保険料　第2期
					315/4	未払金/労働保険料	376,626	労働保険料　第3期
11	5月30日	320	未払法人税等	1,192,000	110/1	当座預金/城下町銀行	4,265,600	【103741】法人税等納付
		320	未払法人税等	69,600				法人県民税納付
		320	未払法人税等	347,400				法人事業税納付
		320	未払法人税等	171,600				法人市民税納付
		331	未払消費税	2,485,000				法人消費税納付
12	5月30日				110/1	当座預金/城下町銀行	1,296,000	【103742】森田興産　6月分家賃振込
		659	地代家賃	756,000				森田興産　6月分家賃振込
		751	地代家賃	540,000				森田興産　6月分家賃振込
13	5月31日	111/1	普通預金/城下町銀行	7,000,000	110/1	当座預金/城下町銀行	7,000,000	【103743】預金振替
14	5月31日	315/1	未払金/㈱オフィスサプライ	219,825	110/1	当座預金/城下町銀行	219,825	【103744】㈱オフィスサプライ　4月分
15	5月31日	315/2	未払金/㈱大黒運輸	454,440	110/1	当座預金/城下町銀行	454,440	【103745】㈱大黒運輸　4月分
16	5月1日	741	通信費	47,558	111/1	普通預金/城下町銀行	47,558	電話代　口座振替
17	5月6日	744	水道光熱費	7,375	111/1	普通預金/城下町銀行	7,375	ガス代　口座振替
18	5月6日	753	支払手数料	2,200	111/1	普通預金/城下町銀行	2,200	ＦＢ手数料
19	5月8日	741	通信費	81,927	111/1	普通預金/城下町銀行	81,927	携帯電話料
20	5月10日	315/5	未払金/クレジットカード	278,754	111/1	普通預金/城下町銀行	278,754	クレジットカード　決済引落し
21	5月20日	768	支払リース料	57,600	111/1	普通預金/城下町銀行	57,600	コピー機リース代
22	5月21日	662	電力料等	95,241	111/1	普通預金/城下町銀行	95,241	動力代
23	5月21日	653	水道光熱費	15,342	111/1	普通預金/城下町銀行	15,342	電気代
24	5月22日	754	諸会費	24,000	111/1	普通預金/城下町銀行	24,000	商工会　年会費
25	5月22日	654	保険料	24,300	111/1	普通預金/城下町銀行	24,300	PL保険
26	5月27日	745	保険料	28,000	111/1	普通預金/城下町銀行	28,000	自動車保険
27	5月27日	743	事務用品費	31,500	111/1	普通預金/城下町銀行	31,500	創文堂　口座引落
28	5月28日	744	水道光熱費	54,152	111/1	普通預金/城下町銀行	54,152	電気代
29	5月29日	100	現金	100,000	111/1	普通預金/城下町銀行	100,000	引き出し
30	5月29日	751	地代家賃	75,600	111/1	普通預金/城下町銀行	75,600	月極駐車場代　振込　6月分　吉沢エステート㈱
31	5月31日	720	役員報酬	2,090,000	111/1	普通預金/城下町銀行	4,420,014	当月分給料
		721	給料手当	1,218,000	345/1	預り金/社会保険料	769,285	当月分給料
		641	賃金	2,180,350	345/2	預り金/雇用保険料	16,991	当月分給料
		740	旅費交通費	69,400	345/3	預り金/源泉所得税	197,960	当月分給料
		650	旅費交通費	120,400	345/4	預り金/住民税	273,900	当月分給料
32	5月31日	730	法定福利費	448,567	315/3	未払金/社会保険料	777,409	5月分社会保険料
		647	法定福利費	328,842				5月分社会保険料
33	5月31日	345/1	預り金/社会保険料	769,285	111/1	普通預金/城下町銀行	1,546,694	4月分社会保険料
		315/3	未払金/社会保険料	777,409				4月分社会保険料

No.	日付	科目コード	借方科目	借方金額	科目コード	貸方科目	貸方金額	摘要
34	5月1日	740	旅費交通費	1,400	100	現金	1,400	駐車料
35	5月1日	740	旅費交通費	1,260	100	現金	1,260	タクシー代
36	5月1日	741	通信費	160	100	現金	160	郵送料
37	5月7日	704	交際費	2,520	100	現金	2,520	贈答品　新千庵
38	5月8日	740	旅費交通費	500	100	現金	500	駐車料
39	5月8日	648	福利厚生費	3,465	100	現金	3,465	お茶代　遠藤茶舗
40	5月10日	741	通信費	160	100	現金	160	郵送料
41	5月11日	731	福利厚生費	1,860	100	現金	1,860	お茶菓子代　和菓子〇〇庵
42	5月11日	740	旅費交通費	800	100	現金	800	駐車料
43	5月15日	740	旅費交通費	1,400	100	現金	1,400	駐車料
44	5月17日	740	旅費交通費	2,300	100	現金	2,300	駐車料
45	5月21日	731	福利厚生費	3,150	100	現金	3,150	お茶代　遠藤茶舗
46	5月21日	740	旅費交通費	1,600	100	現金	1,600	駐車料
47	5月23日	704	交際費	22,600	100	現金	22,600	飲食代　ビストロチッタ
48	5月24日	742	消耗品費	2,420	100	現金	2,420	日用雑貨　やぎホームセンター
49	5月24日	740	旅費交通費	2,200	100	現金	2,200	駐車料
50	5月27日	740	旅費交通費	1,800	100	現金	1,800	駐車料
51	5月28日	652	消耗品費	2,415	100	現金	2,415	雑貨代　やぎホームセンター
52	5月29日	745	保険料	84,500	100	現金	84,500	自動車税　2件
53	5月29日	664	租税公課	79,000	100	現金	79,000	自動車税　2件
54	5月30日	748	新聞図書費	8,650	100	現金	8,650	新聞代　日本△△新聞
55	5月30日	704	交際費	42,000	100	現金	42,000	接待飲食代　割烹三崎
56	5月11日	704	交際費	46,800	315/5	未払金/クレジットカード	46,800	飲食代　炭火焼肉南大門
57	5月31日	740	旅費交通費	96,165	315/5	未払金/クレジットカード	96,165	通行料　ETC当月分
58	5月31日	742	消耗品費	150,676	315/5	未払金/クレジットカード	150,676	ガソリン代　太陽石油　当月分
59	5月31日	630	材料仕入高	1,176,000	305/1	買掛金/ケルン工業㈱	1,176,000	ケルン工業㈱　当月分
		630	材料仕入高	1,060,500	305/2	買掛金/シャルトル工業㈱	1,060,500	シャルトル工業㈱　当月分
		680	外注加工費	745,500	305/3	買掛金/カンタベリー工業㈱	745,500	カンタベリー工業㈱　当月分
		743	事務用品費	130,575	315/1	未払金/㈱オフィスサプライ	130,575	㈱オフィスサプライ　当月分
		700	運賃	355,572	315/2	未払金/㈱大黒運輸	355,572	㈱大黒運輸　当月分
60	5月31日	135/1	売掛金/㈱ジュール	2,730,000	500	売上高	2,730,000	㈱ジュール　当月分売上
		135/2	売掛金/㈱ブルトン	3,465,000	500	売上高	3,465,000	㈱ブルトン　当月分売上
		135/3	売掛金/㈱ルーベンス	9,870,000	500	売上高	9,870,000	㈱ルーベンス　当月分売上
61	5月25日	130	受取手形	1,200,000	135/1	売掛金/㈱ジュール	1,200,000	㈱ジュール　手形受領　期日7/25
		130	受取手形	1,215,000	135/1	売掛金/㈱ジュール	1,215,000	㈱ジュール　手形受領　期日7/25
62	5月31日	614	期末商品及び製品棚卸高	9,240,000	160	商品及び製品	9,240,000	前月末棚卸　振替
		635	期末材料棚卸高	1,730,400	162	原材料及び貯蔵品	1,730,400	前月末棚卸　振替
		160	商品及び製品	6,667,500	614	期末商品及び製品棚卸高	6,667,500	当月末棚卸　振替
		162	原材料及び貯蔵品	1,190,700	635	期末材料棚卸高	1,190,700	当月末棚卸　振替
63	5月31日	666	減価償却費	440,445	230	減価償却累計額	440,445	当月分減価償却費
		760	減価償却費	27,840	230	減価償却累計額	27,840	当月分減価償却費

3 第3章

問題1

No.1	オ	No.2	イ	No.3	ア	No.4	オ

No.5	カ・キ	No.6	Ⓐ ア	Ⓑ オ	No.7	Ⓐ イ	Ⓑ キ

No.8

安全性分析

分析指標	第1期	第2期
流動比率	259.3 %	248.0 %
当座比率	189.3 %	204.0 %
固定比率	139.4 %	118.2 %
自己資本比率	27.9 %	30.9 %
棚卸資産回転期間	0.6 月	0.3 月
棚卸資産回転率	21.0 回	46.0 回
売掛債権回転率	7.8 回	6.6 回

収益性分析

分析指標	第1期	第2期
売上高総利益率	54.8 %	54.3 %
売上高経常利益率	2.9 %	2.7 %
自己資本利益率(ROE)	13.9 %	13.0 %
500万円増資した場合	11.9 %	11.3 %
500万円減資した場合	16.9 %	15.4 %
自己資本経常利益率	20.9 %	18.8 %

効率性分析

分析指標	第1期	第2期
総資本回転率	203.9 %	215.6 %
売上高経常利益率X総資本回転率 (=総資本経常利益率)	5.8 %	5.8 %
財務レバレッジ(自己資本比率の逆数)	3.59 倍	3.23 倍

成長性分析

分析指標	第1期	第2期
売上高増加率		9.5 %
経常利益増加率		3.3 %

問題2

No.1	No.2	No.3	No.4 Ⓐ	No.4 Ⓑ
エ	エ	ウ	カ	キ

No.5

Ⓐ	Ⓑ	Ⓒ	Ⓓ	Ⓔ
50,000千円	25.0%	184,000	8.0%	216,000千円
Ⓕ 125,000千円	Ⓖ 62.5%	Ⓗ 193,600	Ⓘ 3.2%	Ⓙ 206,400千円

No.6 Ⓐ	No.6 Ⓑ	No.7 Ⓐ	No.7 Ⓑ	No.8
500	4,000	15,000,000	40	160万円

問題3

No.1 Ⓐ	No.1 Ⓑ	No.2	No.3	No.4
ウ	エ	イ	ウ	オ

No.5

実績資金繰り表

（単位：千円）

月　度			4月	5月	6月
月初現預金残高			5,684	5,615	9,529
経常収支	経常収入	現金売上	864	1,421	769
		売掛金回収	9,630	11,395	9,654
		手形回収	0	0	0
		受取利息	0	0	0
		その他の経常収入	0	0	0
		計	10,964	12,816	10,423
	経常支出	現金仕入	145	284	56
		買掛金支払	5,457	3,272	2,962
		支払手形決済	0	0	0
		人件費	2,654	2,654	6,654
		営業経費	1,465	1,589	1,644
		支払利息	38	35	35
		その他の経常支出	524	318	267
		計	10,283	8,152	11,618
	経常収支差額		681	4,664	▲1,195
その他の収支	その他収入	借入金収入	0	0	0
		設備等売却収入	0	0	0
		その他	0	0	0
		計	0	0	0
	その他支出	借入金返済	750	750	750
		設備等取得支出	0	0	0
		その他	0	0	0
		計	750	750	750
	その他の収支差額		▲750	▲750	▲750
当月収支差額			▲69	3,914	▲1,945
次月繰越現預金残高			5,615	9,529	7,584

解答

4 第4章

問題1

No.1	ア		No.2	ア		No.3	エ
No.4	Ⓐ エ	Ⓑ コ	No.5	Ⓐ エ	Ⓑ ク		

<No.3補足説明>

手形ジャンプ：手形振出人の資金繰りの都合などから、以前に振り出した手形を効力のないものにして、新たな手形を振り出す（手形の書き換え）または手形の支払期日を訂正変更すること。

手形の遡及義務：手形を譲渡した場合（裏書・割引）、譲渡人は裏書人として遡及義務を負い、手形が無事決済されるまで手形の譲渡先に対し、保証債務（受取手形遡及義務）を負う。

問題2

No.1	オ	No.2	イ	No.3	オ・キ
No.4	ウ・キ	No.5	キ・ケ		

問題3

No.1	ウ		No.2	ア		No.3	オ
No.4	オ		No.5	Ⓐ イ	Ⓑ キ		

問題4

No.1	イ		No.2	イ・カ		No.3	カ・コ
No.4	Ⓐ イ	Ⓑ エ	No.5	Ⓐ ア	Ⓑ ク		

5 第5章

問題1

No.1	エ	No.2	イ	No.3	ウ
No.4	オ	No.5	ウ	No.6	オ

6 模擬問題

6-1 C問題

問題1

No.1	Ⓐ イ	Ⓑ オ	No.2	Ⓐ ウ	Ⓑ カ
No.3	ウ・エ	No.4	ア・キ	No.5	ウ・キ

問題2

No.1	5,374,009 円	No.2	49,200 円
No.3	374,065 円	No.4	2,043,153 円
No.5	47,287,226 円	No.6	9,961,138 円
No.7	278,645 円	No.8	1,174,900 円
No.9	514,754 円	No.10	1,840,342 円

問題3

No.1	① エ	No.2	② キ	No.3	③ ア ④ カ
No.4	⑤ ア ⑥ イ	No.5	⑦ ウ ⑧ カ		

■問題2 仕訳解答例

No.	日付	科目コード	借方科目	借方金額	科目コード	貸方科目	貸方金額	摘要
17	5/31	135	売掛金	6,347,250	500	売上高	6,347,250	当月分売上
18	5/31	630	原材料仕入高	945,000	305	買掛金	945,000	当月分材料仕入
19	5/31	680	外注加工費	525,000	305	買掛金	525,000	当月分外注加工費
20	5/31	720	役員報酬	600,000	315/1	未払金/給料	1,773,800	4月分給料
		721	給料手当	590,000				4月分給料
		641	賃金	583,800				4月分賃金
21	5/31	730	法定福利費	170,057	315/2	未払金/社会保険料	243,441	5月分社会保険料　会社負担額
		647	法定福利費	73,384				5月分社会保険料　会社負担額
22	5/10	345/4	預り金/所得税	48,190	111	普通預金	48,190	源泉所得税　納付
23	5/10	345/5	預り金/住民税	93,300	111	普通預金	93,300	住民税　納付
24	5/25	370	長期借入金	84,977	111	普通預金	89,000	借入返済
		830	支払利息	4,023				借入利息
25	5/31	320	未払法人税等	201,300	111	普通預金	201,300	法人税　納付
26	5/31	331	未払消費税	467,500	111	普通預金	467,500	消費税　納付
27	5/31	614	期末製品棚卸高	3,864,315	160	製品	3,864,315	前月末棚卸高　振替
		635	期末原材料棚卸高	347,565	162	原材料	347,565	前月末棚卸高　振替
		692	期末仕掛品棚卸高	702,468	161	仕掛品	702,468	前月末棚卸高　振替
		160	製品	3,518,655	614	期末製品棚卸高	3,518,655	当月末棚卸高　振替
		162	原材料	226,359	635	期末原材料棚卸高	226,359	当月末棚卸高　振替
		161	仕掛品	675,446	692	期末仕掛品棚卸高	675,446	当月末棚卸高　振替

6-2 D問題

問題1

No.1	Ⓐ ア	Ⓑ キ	No.2	オ	
No.3	ア・エ				
No.4	Ⓐ イ	Ⓑ カ	No.5	Ⓐ イ	Ⓑ キ

問題2

No.1	16,590,000 円	No.2	3,522,000 円
No.3	3,159,544 円	No.4	24,000,000 円
No.5	17,978,779 円	No.6	8,820,001 円
No.7	5,040,000 円	No.8	2,813,200 円
No.9	763,692 円	No.10	4,727,813 円

問題3

No.1	① ウ	② カ	No.2	③ エ	④ ク	No.3	⑤ ウ	⑥ オ
No.4	⑦ ウ	⑧ オ	No.5	⑨ イ	⑩ ク			

■問題2 仕訳解答例

No.	日付	科目コード	借方科目	借方金額	科目コード	貸方科目	貸方金額	摘要
17	5/31	135	売掛金	16,590,000	500	売上高	16,590,000	当月分売上
18	5/31	630	原材料仕入高	4,536,000	305	買掛金	6,804,000	当月分材料仕入
		680	外注加工費	2,268,000				当月分外注加工
19	5/31	720	役員報酬	800,000	315/1	未払金 / 給料	3,522,000	5月分給料
		721	給料手当	1,310,000				5月分給料
		641	賃金	1,412,000				5月分賃金
20	5/31	730	法定福利費	284,352	315/2	未払金 / 社会保険料	453,078	5月分社会保険料　会社負担額
		647	法定福利費	168,726				5月分社会保険料　会社負担額
21	5/10	345/4	預り金 / 所得税	104,700	111	普通預金	104,700	源泉所得税　納付
22	5/10	345/5	預り金 / 住民税	184,800	111	普通預金	184,800	住民税　納付
23	5/25	370	長期借入金	1,000,000	111	普通預金	1,084,246	借入返済
		830	支払利息	84,246				借入利息
24	5/31	320	未払法人税等	829,800	111	普通預金	829,800	法人税　納付
25	5/31	331	未払消費税	1,273,500	111	普通預金	1,273,500	消費税　納付
26	5/31	635	期末原材料棚卸高	1,533,000	162	原材料	1,533,000	前月末棚卸高　振替
		692	期末仕掛品棚卸高	701,400	161	仕掛品	701,400	前月末棚卸高　振替
		614	期末製品棚卸高	4,410,000	160	製品	4,410,000	前月末棚卸高　振替
		162	原材料	1,113,000	635	期末原材料棚卸高	1,113,000	当月末棚卸高　振替
		161	仕掛品	2,268,540	692	期末仕掛品棚卸高	2,268,540	当月末棚卸高　振替
		160	製品	6,354,860	614	期末製品棚卸高	6,354,860	当月末棚卸高　振替

学習の準備

本書の学習には、『勘定奉行 i 11』と学習データが必要です。株式会社オービックビジネスコンサルタント（以下OBC）のホームページよりダウンロードしてご利用ください。

また、勘定奉行 i 11体験プログラムのダウンロードやセットアップ方法、学習データのダウンロードについては、OBCホームページの説明にしたがってください。

URL https://www.obc.co.jp/obcisp/kyozai

勘定奉行 i 11体験プログラムについて

- 本ソフトウェアはテキストをご購入いただいた学校施設内に教育用として常備されているコンピューター以外にはインストールできません。
- 本ソフトウェアはテキストをご購入いただいた教員ならびに学生以外が使用することはできません。また教員ならびに学生は学習以外の目的で使用することはできません。
- 本ソフトウェアを第三者に転売・譲渡することはできません。
- 本ソフトウェアでは検定試験を受験することはできません。

※制限事項／データのバックアップ、年度更新処理、データコンバートは、使用できません。
また、帳票印刷の際には、透かし（SAMPLE）があわせて印刷されます。

■主な動作環境（詳細はOBCホームページをご確認ください）

OS	Windows 11（日本語版）、Windows 10（日本語版） ※各OSの64ビットのみに対応しています。
インターネット	本製品は、インターネット接続環境が必要です。 ※本製品の奉行 i メニュー画面上に、弊社からのお知らせ（法改正などの有益な情報）が表示されます。 なお、非インターネット接続環境の場合は、最新のプログラムが提供された際やOMSS契約を更新する際に、手動でダウンロードして更新する作業が必要になります。
対応機種	プロセッサ：インテルCore i3 プロセッサ以上（推奨：インテルCore i5 プロセッサ以上） または同等の互換プロセッサ メモリ　：4GB 以上（推奨：8GB以上）
データベース	SQL Server 2019 Express Edition（日本語版） ※本製品では、SQL Server 2019 Express Edition をセットアップできます。 ※1データベース領域として、最大10GBまで使用できます。 ※本製品のデータベースとして、SQL Server 2019 の上位エディションを使用される場合は、SQL Server の1クライアントライセンスが消費されますのでご注意ください。
ハードディスク	3GB以上必要（データは除く）
解像度	横1024 × 縦768 以上を推奨
周辺機器等	上記OSに対応した、本体に接続可能なディスプレイ・マウス・キーボード・日本語変換システム

◉学習データについて

本書の各章で使用する学習データは、以下のとおりです。
また解答データも用意しましたので学習の確認用として使用してください。

第2章(P13)	株式会社ティダパーツ4月(第2章) 株式会社ティダパーツ4月(第2章-解答)
第2章(P34)	株式会社ティダパーツ5月(第2章) 株式会社ティダパーツ5月(第2章-解答)
第2章(P60)	株式会社ハイタイム4月(第2章-総合問題1) 株式会社ハイタイム4月(第2章-総合問題1-解答)
第2章(P80)	株式会社ハイタイム5月(第2章-総合問題2) 株式会社ハイタイム5月(第2章-総合問題2-解答)
模擬問題C(P124)	株式会社マイヨール(模擬問題C) 株式会社マイヨール(模擬問題C-解答)
模擬問題D(P132)	株式会社カパルート(模擬問題D) 株式会社カパルート(模擬問題D-解答)

■本書・勘定奉行i11体験プログラムに関するお問合せ先

株式会社 オービックビジネスコンサルタント OB新学期事務局

●お問い合わせWebフォーム

URL https://www.obc.co.jp/obcs-contact

※送信完了後、通常1営業日以内に回答いたします。(土日祝日その他弊社指定休日を除く)

日商 電子会計実務検定試験
対策問題集 2級

平成19年 5月31日 初版第1刷発行
令和 6年 2月15日 六版第1刷発行

■発行所 **株式会社 オービックビジネスコンサルタント**
OB新学期事務局
〒163-6032 東京都新宿区西新宿6-8-1 住友不動産新宿オークタワー
https://www.obc.co.jp

■発 売 **実教出版株式会社**
〒102-8377 東京都千代田区五番町5
TEL.03－3238－7777